JUDO

TECHNIK
METHODIK
GEIST

Renée und Ruth
für ihr liebevolles Verständnis
in Dankbarkeit gewidmet

Hans Hartmann
Walter Graf

TECHNIK
METHODIK
GEIST

Ein Handbuch für Lernende und Lehrer

Hofmann Schorndorf

CIP-Kurztitelaufnahme der Deutschen Bibliothek

Hartmann, Hans:
Judo: Technik, Methodik, Geist; e. Handbuch für
Lernende u. Lehrer / Hans Hartmann; Walter Graf.
- 2., unveränderte Auflage - Schorndorf: Hofmann,
1986.
      1. Auflage u.d.T.: Hartmann, Hans: Judo,
      Technik, Methodik, Geist
ISBN 3-7780-3042-6
NE: Graf, Walter

Bestellnummer 304

© 1979 by Verlag Karl Hofmann, Schorndorf

2., unveränderte Auflage 1986

Alle Rechte vorbehalten. Ohne ausdrückliche Genehmigung des Verlages ist es nicht gestattet, das Werk oder Teile daraus auf irgendwelche Weise zu reproduzieren. Dieses Verbot - ausgenommen die in § 53, 54 URG genannten Sonderfälle - erstreckt sich auch auf die Vervielfältigung für Zwecke der Unterrichtsgestaltung. Als Vervielfältigung gelten alle Reproduktionsverfahren einschliesslich der Fotokopie.

Gestaltung: Walter Graf.

Gesamtherstellung in der Hausdruckerei des Verlages.
ISBN 3-7780-3042-6. Printed in Germany.

Inhaltsverzeichnis

Wesen und Hauptbegriffe   7

    Einteilung des Judo   9
    Wesen und Hauptbegriffe   11
    Fassen, Stellungen, Bewegen   15
    Die Wurfphasen   16
    Ukemi Waza (Falltechnik)   18
    Terminologie der Wurftechniken   20
    Ökonomie in der Wurftechnik   21

Go Kyo no Kaisetsu   25

    Hinweise   27
    1. Kyo   29
    2. Kyo   47
    3. Kyo   65
    4. Kyo   83
    5. Kyo   103
    Übersicht der Verwandtschaftsgruppen in Nage Waza   121

Katame Waza   129

    Allgemeine Angaben   131
    Osaë Waza (Halte-Techniken)   135
    Shime Waza (Würge-Techniken)   141
    Kansetsu Waza (Gelenk-Techniken)   155

Taktik des Bewegungsspieles   165

Übungsformen   175

Kampfwesen   178

Höhere Prinzipien   179

    Puls der Energie   181
    Aktionen, Reaktionen und Aneinanderreihungen   184

Kata   189

    Übersicht über Judo-Kata   192
    Nage no Kata - Formen des Werfens. Technischer Ablauf   193
    Katame no Kata - Formen der Kontrolle. Technischer Ablauf   201

Hintergründe ... 213
    Ursachen und deren Interdependenzen zum Entstehen und
       Verstehen des Judo Japans ... 215
    Die verschiedenen japanischen "Do" ... 219
    Fernöstliche Kampfsportarten ... 220
    Ausbreitung des Judo in Europa ... 221
    Übertragungen ... 223
    Leitsätze, Sentenzen, Symbole, Motive, Zen-Gedanken ... 224
    Kagami Migaki ... 227

Judo-Vokabularium und Sachregister ... 229

Wesen und Hauptbegriffe

*Judo –
ein Sport,
der gleichzeitig Lebensphilosophie ist:
Kampf ohne Hass,
Kraft unter Kontrolle,
Ritterlichkeit,
stoisches Hinnehmen von Sieg und Niederlage*

Einteilung des Judo

Nage Waza (Wurf-Technik)

Go Kyo	1. Kyo	2. Kyo	3. Kyo	4. Kyo	5. Kyo
Tachi Waza (Standtechniken)					
Ashi Waza (Bein-Techniken)	De Ashi barai Hiza Guruma Sasaë tsuri komi Ashi O soto gari O uchi gari	Ko soto gari Ko uchi gari Okuri Ashi barai Uchi Mata	Ko soto gake Ashi Guruma Harai tsuri komi Ashi	O Guruma	O soto Guruma
Koshi Waza (Hüft-Techniken)	Uki Goshi O Goshi	Koshi Guruma Tsuri komi Goshi Harai Goshi	Tsuri Goshi Hane Goshi	Utsuri Goshi	Ushiro Goshi
Te Waza (Hand-Techniken)	Seoi Nage Ippon - Morote - Eri -	Tai otoshi	Kata Guruma	Sukui Nage	Sumi otoshi
Sutemi Waza (Selbstfall-Techniken)					
Ma sutemi Waza (Selbstfall-Techniken in Rückenlage)			Tomoë Nage	Sumi Gaeshi	Ura Nage
Yoko sutemi Waza (Selbstfall-Techniken in Seitenlage)			Yoko otoshi	Tani otoshi Hane maki komi Soto maki komi	Uki Waza Yoko wakare Yoko Guruma Yoko gake

Katame Waza *(Kontroll-Technik)*		
Osaē Waza *(Halte-Techniken)*	Kesa Gatame Kata Gatame Shiho Gatame (Kami Shiho Gatame, Yoko Shiho Gatame, Tate Shiho Gatame)	
Shime Waza *(Würge-Techniken)*	Juji jime (Kata juji jime, Gyaku juji jime, Nami juji jime) Hadaka jime Okuri Eri jime Kata ha jime Kata Te jime Morote jime Ashi Gatame jime	
Kansetsu Waza *(Gelenk-Techniken)*	Ude garami Ude hishigi Juji Gatame Ude hishigi Waki Gatame Ude hishigi Ude Gatame Ude hishigi Hara Gatame Ude hishigi Hiza Gatame Kannuki Gatame	
Kata *(Formen)*		
Ju Jutsu *(Selbstverteidigung)*		
Ate Waza *(Schlag-Technik)*	*Ude Ate Waza (mit Händen und Armen)*	
	Ashi Ate Waza (mit Füssen und Beinen)	
Kuatsu *(Wiederbelebung)*		

Wesen und Hauptbegriffe

Judo

Motto:
*Kein Lebendiges ist eines,
immer ist's ein Vieles.
(Weisheit des Ostens)*

umfasst eine Vielzahl sportlicher Tätigkeiten, bei welchen durch nachgeben und Anpassung (Ju = sanft, nachgiebig) der Erfolg angestrebt wird, und deren Ausübung durch Beobachtung und Vergleichen zu einer Lehre (Do = Lehre) wird, die über die geübte Tätigkeit hinaus allgemein persönlichkeitsbildend wirkt.
Ju (柔) stellt das Prinzip des Nachgebens und der Anpassung an die Absichten des Partners dar, um zu einer Problemlösung - beim Wettkampf zum Sieg, im Alltag zum Wohlergehen - zu gelangen.
Do (道) ist Weg und Lehre, um durch aktive Betätigung, Sport etc., die eigene Persönlichkeit, seinen Charakter zu entwickeln (siehe auch Seite 215-217).

Tori und Uke

heissen die beiden im Judotraining miteinander arbeitenden Partner, wobei Tori der aktive, eine bestimmte Technik ausführende Partner ist, während Uke die Technik hinnimmt. Bei den verschiedenen Trainingsformen wechselt das partnerschaftliche Verhältnis der beiden: Aus gegenseitigen Lehr- und Ausbildungshelfern werden kameradschaftliche Wettkampfgegner. Aus Gründen der Selbsterziehung und der Persönlichkeitsbildung hat sich Tori mit Uke (und insbesondere mit dessen Niederlage) zu identifizieren.

Waza

heisst Technik. Zusammen mit einem kennzeichnenden Beiwort werden zunächst die Hauptarten der Techniken umschrieben:

Nage Waza

oder Wurftechnik umfasst Techniken, deren Erfolg durch einen regelgemässen Niederwurf von Uke direkt sichtbar wird. Tori kann aus aufrechter Stellung werfen (Tachi Waza) oder indem er zum Wurf Bodenlage einnimmt, das heisst "sich opfert" (Sutemi Waza).
Die Wurftechnik wird noch feiner unterteilt je nach dem von Tori hauptsächlich eingesetzten aktiven Körperteil (z.B. Ashi Waza = Beintechnik) oder seiner Stellung in der Bodenlage (z.B. Yoko sutemi = Seiten-Bodenlage).
Für Lehrzwecke werden die Würfe in einzelne Gruppen (Kyo) zusammengefasst. Fünf (Go) solcher Gruppen zu je acht Würfen ergeben die vierzig Grundwürfe. Ihre Erklärung (Go Kyo no Kaisetsu) erfolgt auf den Seiten 25 bis 120.

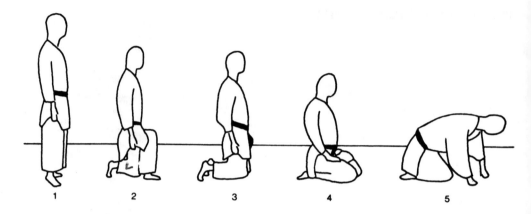

Katame Waza

umfasst Techniken, deren Erfolg entweder durch
- Zeitdauer der regelgemässen Anwendung eintritt, z.B. Festhalten während 30 Sekunden bei Haltetechniken (Osaë Waza) oder
- Aufgabe von Uke, angezeigt durch Abklopfen bei Kansetsu Waza (Gelenktechnik) und bei Shime Waza (Würgetechnik) offensichtlich wird.

Judo ist im wesentlichen eine Grifftechnik, indem
- Tori und Uke sich gegenseitig halten (Kumi Kata) und/oder
- Tori Griffe zum Festhalten auf dem Boden sowie Gelenkhebel und Würgen an Uke ansetzt.

Kata

(= Form) sind vorgegebene Uebungsfolgen, zusammengestellt aus grundsätzlich wichtigen Techniken, die zudem einen bestimmten Sinngehalt aufweisen (siehe Seiten 189 bis 211).

Ju Jutsu

ist im modernen Sprachgebrauch die Anwendung der Judo-Techniken zur Selbstverteidigung.

Ate Waza

oder Atemi Waza ist als reine Schlagtechnik auf empfindliche Körperstellen zur Selbstverteidigung sehr wirksam, aber nicht von pädagogischem Interesse.

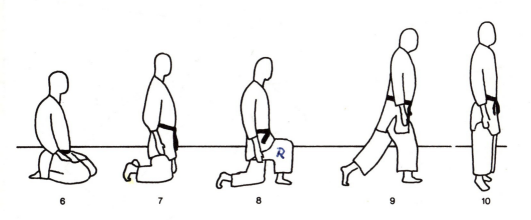

Kuatsu

umfasst Methoden zur Wiederbelebung Bewusstloser.

Dojo

wird die Halle genannt, in welcher Judo trainiert wird, die aber darüber hinaus auch Ort der Besinnung und Aussprache sein kann. Der Zweckbestimmung entsprechend soll darin eine würdige Atmosphäre herrschen.

Rei

bezeichnet den Gruss, den man dem Dojo, dem oder den Partner(n) als Zeichen der Achtung, der Einhaltung der Regeln, als Aufforderung zum oder Dank für das Mitmachen etc. entbietet.

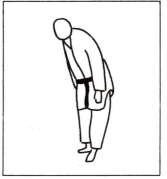

Ritsu Rei
wird stehend, mit geschlossenen Fersen und an den Körper angelegten Armen durch leichtes Neigen des Oberkörpers ausgeführt und hauptsächlich einem einzelnen Partner entboten (11).

Zarei
ist der tiefe Gruss im Knien. Er wird hauptsächlich vor einer grösseren Aktion angewendet (1-10).
Ausführung:
Linker Fuss auf Fussballen zurück und Knie auf den Boden (2). Dann rechter Fuss ebenfalls auf den Fussballen zurück und rechtes Knie auf den Boden (3). Zehenrücken und Fussrist flach auf den Boden legen und zwischen den Fersen sitzen, Knie zwei Handbreit geöffnet (4). Grüssen durch Neigen des Oberkörpers zur Horizontalen mit Abstützen auf die gebeugten Arme (5).

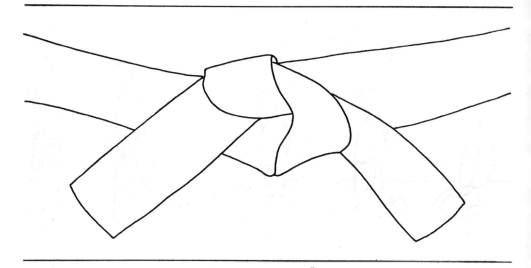

Nach dem Gruss zum Knien aufrichten und beide Füsse auf die Fussballen stellen (7). Rechter Fuss nach vorn zum linken Knie (8), aufstehen und linken Fuss vornehmen (9). Die Fersen sind geschlossen (10).

Judogi

ist das Kleid, das zum Training getragen wird und zur Vermeidung von Verletzungen knopflos durch einen Gürtel (Obi) zusammengehalten wird. Der Gürtel wird durch einen geraden Knoten auf Bauchmitte geknüpft.

Fassen, Stellungen, Bewegen

Kumi Kata

bezeichnet das Griff-Fassen am Judogi. Normalausführung für Anfänger ist der Rechtsgriff: Die rechte Hand von Tori ergreift das linke Revers von Uke locker, aber mit möglichst viel Stoff. Die linke Hand von Tori fasst den rechten Aermel von Uke ungefähr auf Ellbogenhöhe. Linksgriff: Umgekehrt.

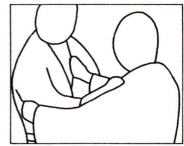

Shisei

bedeutet Körperhaltung und Körperstellung.
Shizentai = aufrechte (normale) Körperhaltung
Jigotai = geneigte (defensive) Körperhaltung

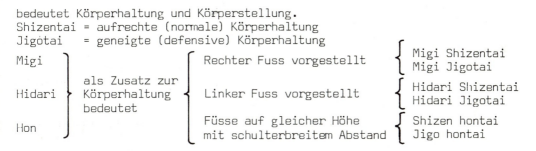

Shin Tai

bedeutet eine translatorische Körperbewegung.

- Ayumi Ashi = normale Fortbewegungsart, wobei ein Fuss den andern überholt.
- Tsugi Ashi = Fortbewegungsart, bei welcher sich die Füsse gegenseitig nähern und entfernen ohne sich zu überholen.
- Suri Ashi besagt, dass bei obiger Fortbewegungsart die Füsse nicht vom Boden abgehoben werden, sondern zur Erhöhung der Stabilität auf dem Boden gleiten.

Tai sabaki

bezeichnet die drehende Körperbewegung, welche beim Ansetzen von Würfen und Ausweichen von grösster Wichtigkeit ist. Durch Tai sabaki und Uebertragung der Schwungenergie seines eigenen Körpers auf Uke kann Tori das Gleichgewicht von Uke empfindlich stören und einen Wurf einleiten. Dies ist besonders wirksam bei Würfen um eine vertikale Achse.

Die Wurfphasen

Tsukuri, Kuzushi, Kake und Nage sind die einzelnen Phasen einer der Judo-Technik entsprechenden Ausführung eines Wurfes. Sie sind wohl einzeln unterscheidbar, bedingen sich jedoch gegenseitig und fliessen bei der praktischen Ausführung stetig ineinander über.

Tsukuri

bezeichnet die Vorbereitung von Tori und Uke hinsichtlich Körperstellung, Bewegungs- und Kraftrichtung in Raum und Zeit, so dass die einwandfreie, flüssige Ausführung eines Wurfes gewährleistet ist. Ein guter Techniker bereitet sein Tsukuri als Tori und dasjenige von Uke durch Shin Tai und Tai sabaki dem Wurf voreilend und unmerklich vor.

Kuzushi

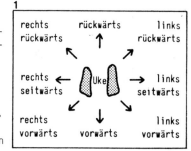

bezeichnet den Teil des Tsukuri, der sich speziell mit dem Erzeugen einer geschwächten Körperhaltung von Uke, das heisst der Störung seines Gleichgewichtes als Vorbereitung eines Wurfs befasst.
Es werden acht Hauptrichtungen des Kuzushi, gerechnet von Uke aus, unterschieden (Fig. 1).
Bemerkung:
Es ist ausdrücklich festzuhalten, dass sich im Verlauf eines Wurfs die Richtung der Kraft K, die Tori auf Uke ausübt, ändert. Sie kann zu Beginn eine Komponente nach oben enthalten, dann abwärts gerichtet sein. Am Schluss des Wurfes soll sie aber wieder aufwärts gerichtet sein, um hartes Aufschlagen und Verletzungen von Uke (z.B. Schulterverletzungen) zu vermeiden. Gleichzeitig wird dadurch der Uebergang zu einer Boden-/Kontrolltechnik sichergestellt. Die Richtung der Kraft ist auch verschieden von der Richtung der Bahnkurve der Hände (Fig. 2). Eine den nachfolgenden Wurf auslösende und ihn begleitende Gleichgewichtsstörung kann zweckmässig auch durch ein Kräftepaar (Fig. 3 bis 5) ausgelöst werden.
(Erklärung: Ein Kräftepaar ist charakterisiert durch zwei gleich grosse, aber in entgegengesetzter Richtung wirkende Kräfte, die einen Abstand "a" voneinander aufweisen. Ihre Wirkung ist eine Drehung, gemessen durch ihr Drehmoment M. $M = K \cdot a$.)

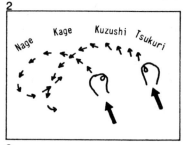

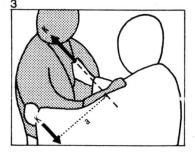

Wesen und Hauptbegriffe 17

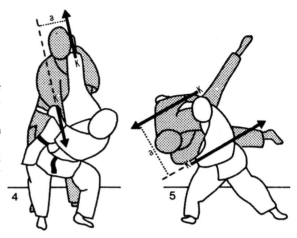

Beispiel:
Die rechte Hand von Tori hat am linken Revers von Uke Griff gefasst und stösst schräg aufwärts, während die linke Hand von Tori am rechten Aermel von Uke schräg abwärts zieht (4). Figur 5 zeigt eine Aktion, bei welcher die Kräfte mehr in horizontaler Richtung wirken.

Kake

ist die Wurfphase, in welcher die eigentliche zum Fall führende Wurfaktion durchgeführt wird (Siehe auch "Terminologie der Wurftechniken" auf Seite 12).

Nage

ist die Phase des Fallens von Uke, welche durch Tori zu kontrollieren ist (Zuerkennung eines Ippon, Vermeidung von Verletzungen).

Ukemi Waza

Ukemi Waza bezeichnet die im Judo übliche Technik des Fallens bei einem Wurf, so dass weder Schäden durch Erschütterung noch Verletzungen durch ungünstiges Aufprallen am Boden entstehen. Sie besteht in der richtigen Auswahl der Körperteile, die zuerst auf dem Boden auftreffen, dem bewussten Abklopfen mit dem Arm und gegebenenfalls einer kompletten Rollbewegung zum Stand.

Ushiro Ukemi   *Rückwärts fallen*

Methodischer Aufbau

1 Rückenlage, Beine leicht gegrätscht. Arme im Winkel von 45° klopfen mit ganzer Armlänge ab.

2 Aus dem Sitzen, Füsse leicht abheben.

3 Aus der Hocke, nahe bei den Fersen absitzen und abrollen.

4 Aus dem Stand, zuerst tief in die Hocke, dann wie 3.

Hauptfehler

- Winkel zwischen Körper und Arm ist zu gross.
- Kopf berührt den Boden, weil zu weit zurück gerollt wird.
- Arme sind nicht gestreckt und treffen nicht locker mit ganzer Länge auf dem Boden auf.
- Es wird nicht mit der Handfläche abgeklopft.

Yoko Ukemi   *Seitwärts fallen*

Methodischer Aufbau

1 Seitenlage, korrekte Beinhaltung, abklopfen.

2 Im Wechsel links und rechts.

3 Aus der Hocke, Bein vorn durchschwingen und mit ganzer Armlänge abklopfen.

4 Aus dem Stand zuerst in die Hocke, nahe bei den Fersen absitzen.

5 Im Wechsel links und rechts aus dem Stand.

Hauptfehler

- Rückenlage.
- Winkel zwischen Arm und Körper ist zu gross.
- Beine rollen nicht aufwärts.

Wesen und Hauptbegriffe

Maë Ukemi *Vorwärts fallen*

Methodischer Aufbau

1 Knien, Dreieck Knie/Fuss/Hand, Rollen mit Liegenbleiben.
2 Aus dem Stand. Dreieck Fuss/Fuss/Hand. Zur Seite schauen, Vorwärtsrollen und Liegenbleiben (1).
3 Aus dem Stand mit Aufstehen (2).

Hauptfehler

■ Die Finger der vorderen Hand zeigen nicht zurück beim Beginn des Abrollens.
■ Handrücken statt Handfläche auf dem Boden.
■ Es wird nicht gerade nach vorn abgerollt, sondern seitlich umgekippt.
■ Beine gekreuzt statt leicht gegrätscht.
■ Das Abklopfen erfolgt nicht mit ganzer Armlänge.

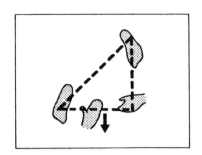

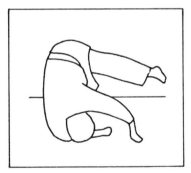

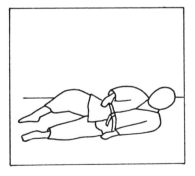

Terminologie der Wurftechniken

Aus den japanischen Bezeichnungen ist das Hauptprinzip eines jeden Wurfs klar erkennbar, indem diese Begriffe jeweils das Hauptcharakteristikum angeben, so zum Beispiel

Wurfaktion	harai (barai)	(weg)wischen
	gari	(weg)fegen
	gake	(weg)haken
	sasaë	blockieren
	maki komi	einrollen
	tsuri komi	anheben mit ziehen (fischen)
Wirksamer Körperteil	Ashi	Fuss, Bein
	Koshi	Hüfte
	Kata	Schulter
	Tai	Körper
Wurfbahn und Wurfart	Guruma	Rad
	Tomoë	Kreis
	otoshi	fallenlassen
	o	gross
	ko	klein
Wurfstellung	soto	aussen
	uchi	innen
	yoko	seitlich
	ushiro	hinten

Die japanischen Bezeichnungen sämtlicher Techniken (Wurf- und Kontrolltechniken) werden daher, soweit es aus sprachlichen Gründen angängig ist, möglichst wörtlich übersetzt. Phantasieübersetzungen sind abzulehnen.

Ökonomie in der Wurftechnik

Insbesondere bei der Wurftechnik, jedoch auch bei der Kontrolltechnik, treten zwei Prinzipien des Judo augenfällig zutage: Das Prinzip des "Ju" und die Forderung "Beste Anwendung der Energie". Diese Prinzipien sind schon beim Tsukuri zu berücksichtigen und anzuwenden:

Die Kraft des Gegners muss ausgenützt werden

- Stösst Uke, so wird er noch gezogen.
- Zieht Uke, so wird er noch gestossen.

Dadurch addieren sich die Krafteinheiten von Uke zu denjenigen von Tori. Bei Widerstand würde eine Differenzbildung der Krafteinheiten entstehen und nur der Stärkere könnte siegen.

Die Bewegungsrichtung des Gegners muss ausgenützt werden

- Bewegt sich Uke nach vorne, so wird ein Wurf vorbereitet, dessen Wurfrichtung ebenfalls nach vorne verläuft.
- Bewegt sich Uke nach rückwärts, so ist nach Möglichkeit auch in diese Richtung zu werfen.

Die Reaktion des Gegners muss ausgenützt werden

Durch eine initiative Aktion von Tori (Griff-Fassen, Bewegen etc.) wird Uke zu einer Reaktion veranlasst. Diese wird dann zur Erleichterung eines Wurfes benützt.
"Sen" bezeichnet den Zustand von Tori, in welchem er einen Ueberschuss an geistiger Energie, Technik und physischer Kraft besitzt und zur Wirkung kommen lässt (siehe Seite 181).

Die Angriffsenergie von Uke muss durch Tori zu seinem Sieg genützt werden

- Entfaltet Uke eine Initiative, so muss Tori sie zu seinem Vorteil umlenken.

"Go no Sen" bezeichnet den Zustand von Tori, in welchem er nach einer Initiative von Uke diese zu einer Aktion ausnützt (siehe Seite 181).

Gesetze der Statik ausnützen

Insbesondere beim Kuzushi kommen die Gesetze der Statik zur Anwendung. Ein freistehender Körper, dessen Schwerpunkt S (= Punkt, in dem man sich die Körpermasse konzentriert und die gesamte Schwerkraft angreifend denken kann) nicht mehr senkrecht über seiner Unterstützungsfläche F zu liegen kommt, fällt um. Durch eine überraschende Krafteinwirkung K oder durch das Ungleichgewicht beim Bewegen tritt dieser Zustand auf, sofern die Füsse nicht nachfolgen können, z.B. durch "Blockieren" = sasaë oder durch vermehrtes Gewichtbelasten des oder der Füsse von Uke, so dass er diese zur Erhaltung des Gleichgewichtes nicht mehr verstellen kann.

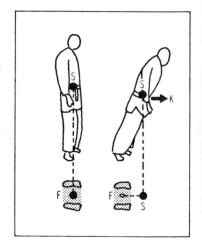

Engen Körperkontakt nehmen

Das vollständige Brechen des Gleichgewichtes und Werfen (Kake) von Uke wird durch guten Körperkontakt erleichtert. Dazu ist der Abstand der Schwerpunkte S_U und S_T von dem anfänglich zu grossen Wert A_1 (Fig. 1) auf den kleineren Wert A_2 (Fig. 2) zu vermindern ($A_2 < A_1$), das heisst, es ist ein guter Kontakt von Tori zu Uke nötig. Das von Tori zum Umwerfen aufzubringende Kraftmoment $G_U \cdot A_2$ wird dann ebenfalls kleiner als das bei ungenügendem Kontakt aufzubringende Moment $G_U \cdot A_1$ ($G_U \cdot A_2 < G_U \cdot A_1$).

Den eigenen Schwerpunkt tief legen

Durch Beugen der Knie ist der eigene Schwerpunkt möglichst tief zu legen ($H_{T_2} < H_{T_1}$, $H_{T_3} < H_{T_2}$ in Fig. 1 bis 3). Hierdurch wird das Anheben unter Mithilfe der starken Beinmuskulatur erleichtert. Es entsteht ferner eine

S_U = Schwerpunkt von Uke G_U = Gewicht von Uke
S_T = Schwerpunkt von Tori G_T = Gewicht von Tori

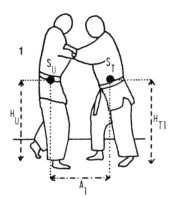
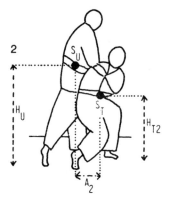
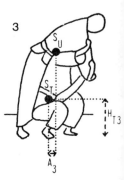

Wesen und Hauptbegriffe 23

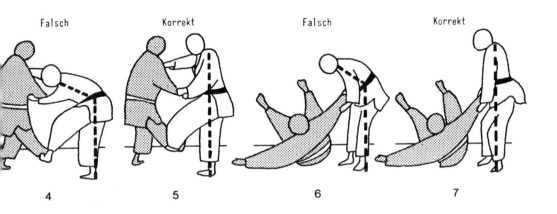

Kippwirkung, wenn die von Tori eingesetzten Kräfte hinter dem Schwerpunkt von Uke angreifen (Fig. 3).

HT_1 = Höhe des ursprünglichen Schwerpunktes von Tori
HT_2 = Höhe des tiefer gelegten Schwerpunktes von Tori
HT_3 = Höhe des Schwerpunktes von Tori bei sehr tiefem Eingang

Beim Kage die Haltung des Oberkörpers kontrollieren

Der Oberkörper ist aufrechtzuhalten statt einzuknicken (Fig. 4 und 5) und Hara (Bauch) zur besseren Uebertragung der Kraft von den Füssen über die Hüfte in die Arme vorzunehmen.

Beim Nage den Körper nicht abknicken

Zur Schonung der Wirbelsäule von Tori und zur besseren Kontrolle von Uke muss Tori beim Nage den Oberkörper aufrechthalten und durch Beugen der Knie dem Fall von Uke folgen und ihn so unter Kontrolle behalten (Fig. 6 und 7).

Diese Hinweise sind vom Uebungsleiter stets zu überwachen, da von den Schülern häufig gegen sie verstossen wird.

Go Kyo no Kaisetsu

Hinweise zum Kapitel Go Kyo no Kaisetsu

Die Wurftechnik wurde in fünf (Go) Gruppen (Kyo) von Lehrprinzipien zu je acht Grundtechniken zusammengestellt. Sie enthält daher vierzig Grundwürfe. Ihre Erklärung (Kaisetsu) ist Gegenstand des Go Kyo no Kaisetsu.

Aus den Elementen der Grundtechniken lassen sich durch Kombination eine Vielzahl von Wurfformen bilden (siehe Seiten 181 bis 189).

Im folgenden Abschnitt wird das Go Kyo bildlich und durch Text erläutert. Dazu folgende Hinweise:

Absichtlich wird nur das Prinzip des Grundwurfes dargestellt. Dies ermöglicht

- dem einzelnen Judoka, die für seine spezielle physische und psychische Eigenart günstigste Optimierung einer Wurfausführung auszusuchen (z.B. hinsichtlich Schrittfolge, Art des Einganges etc.)
- dem Uebungsleiter volle Lehr- und Gestaltungsfreiheit und Anpassung an den Ausbildungsstand und das Alter der Schüler. Bei aller Freiheit muss jedoch unbedingt der Geist und die Technik des Judo gewahrt bleiben.

Bei der Beschreibung eines Wurfes wurde bewusst darauf verzichtet, anzugeben, ob der Wurf

- bei Neulingen (sofern ausführbar) aus dem Stand
- bei Anfängern nach einem oder mehreren Schritten oder
- bei Fortgeschrittenen aus der Bewegung heraus erfolgt.

Die Darstellung ist damit für die verschiedenen Uebungsstufen verwendbar. Der Uebungsleiter soll jedoch so rasch als möglich die dynamische Ausführung aus der Bewegung heraus fördern.

Es ist ferner nur das wesentliche, für die Ausführung des Wurfes günstigste Resultat des Tsukuri angegeben, jedoch nicht die Mittel, wie es erreicht wurde. Dadurch wurde die Beschreibung einer grossen Vielzahl von Varianten vermieden. Die Wahl der geeigneten Mittel, um das gewünschte Resultat des Tsukuri zu schaffen, bleibt dem Uebungsleiter und dem fortgeschrittenen Schüler überlassen. Nachstehend ein Beispiel: Für die Ausführung eines bestimmten Wurfes wünscht Tori, dass Uke im Migi Shizentai steht. Im vorliegenden Kampfmoment nimmt Uke jedoch Hidari Shizentai ein. Tori kann die (angenommene) für seinen Wurf günstigste Migi Shizentai-Stellung erreichen zum Beispiel durch

- Ziehen mit der linken Hand an Uke mit oder ohne Zurückgehen, worauf Uke einen Vorschritt mit dem rechten Fuss macht;
- Vorschritt von Tori mit dem rechten Bein, worauf Uke sein linkes Bein zurücknimmt und als Reaktion sogar nach vorne drängt;
- zurückstossen von Uke mit der rechten Hand, worauf Uke den linken Fuss zurücknimmt und dadurch in Migi Shizentai-Stellung kommt.

Es gehört zu den wichtigsten Aufgaben des Uebungsleiters, beim Schüler das Wissen und Gefühl für dieses Bewegungsspiel ebenso wie für Shintai und Tai sabaki zu wecken. Der Anfänger sollte es so bald als möglich in die Uebungen einbeziehen. Beim Fortgeschrittenen muss es in die Uebungen des Uchi komi integriert werden.

Die beschriebenen, bewusst gewählten Beschränkungen in der Darstellung des Go Kyo sollen gerade dem Schüler Anreiz geben, seine Erkenntnisse zu erweitern und Weiterführungen der Grundtechniken zu suchen.

Sämtliche Würfe wurden mit Rechts-Griff und als Rechts-Ausführung dargestellt und beschrieben. Das Ueben der Linkswürfe ist ebenfalls zu pflegen. Zur Beschreibung der Linkswürfe gelangt man durch konsequentes Vertauschen der Seitenangaben.

第一教 1. Kyo

出足払い	De Ashi barai
膝車	Hiza Guruma
支釣込足	Sasaë tsuri komi Ashi
浮腰	Uki Goshi
大外刈	O soto gari
大腰	O Goshi
大内刈	O uchi gari
背負投	Seoi Nage

Go Kyo no Kaisetsu 31

1. Kyo **1. De Ashi barai**   Vorkommenden Fuss wegwischen

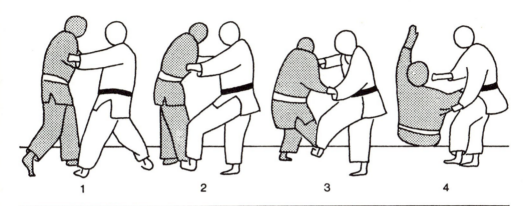

Klassierung	Fusswurf. Von raschen, reaktionsfähigen Judoka bevorzugt.
Prinzip	**Tsukuri** Tori veranlasst Uke, seinen rechten Fuss vorzunehmen und sein Gewicht auf diesen Fuss verlagern zu wollen (1). **Kuzushi** Tori setzt eine Drehbewegung auf den Oberkörper von Uke an, indem seine rechte Hand nach oben drehend wirkt und seine linke Hand nach unten zieht (2). **Kake** Gleichzeitig wischt Tori mit der Sohle des linken Fusses den rechten Fuss von Uke weg (möglichst in Richtung der Zehen). **Nage** Uke fällt vor Tori auf den Rücken (4).
Vorübungen und Aufbau	Allein, im Stand und aus dem Rückwärtsgehen ohne und mit Tai sabaki Wischbewegungen ausführen. Dann mit Partner.
Hinweise	- Das Wegwischen darf nicht mit der Kante des Fusses erfolgen. - Die kleine Zehe des linken Fusses von Tori gleitet dem Boden entlang.
Hauptfehler	- Tori knickt seinen Körper ab. - Das Wischen erfolgt nicht im richtigen Moment: Entweder zu früh (keine Gewichtsbelastung) oder zu spät (zu grosse Gewichtsbelastung). Richtig: Nur Teilbelastung ist auf den rechten Fuss übergegangen.
Weiterentwicklung	- Aufsuchen der günstigsten Bewegungsrichtung. - Beim Rückwärtsgehen führt Tori Tai sabaki nach rechts aus.

Persönliche Notizen:

Go Kyo no Kaisetsu   33

1. Kyo   2. **Hiza Guruma**   *Knie-Rad*

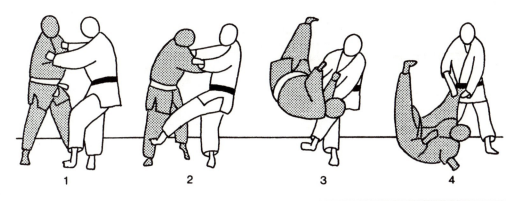

1   2   3   4

Klassierung	Fusswurf.
Prinzip	**Tsukuri** Tori setzt seinen rechten Fuss mit nach einwärts gerichteten Zehen ausserhalb und vor den linken Fuss von Uke (1). Fuss-Stellung von Uke unspezifisch (siehe "Gelegenheiten"). **Kuzushi** Tori zieht mit der linken Hand zunächst nach aussen oben, dann nach unten und stösst mit der rechten Hand. **Kake** Tori setzt seine linke Fuss-Sohle seitlich aussen an das rechte Knie von Uke und dreht die Schultern nach links unter Fortsetzung des Zuges mit den Händen nach unten (2). **Nage** In der Endphase liegt Uke mit dem Kopf bei Tori, seine Füsse sind von Tori abgewendet (3 + 4).
Vorübungen und Aufbau	Allein, im Stand und beim Rückwärtsgehen die Bewegungen der Füsse ausführen. Dann dazu die Bewegungen der Hände.
Hinweise	- Der rechte Fuss von Tori muss auf dem Fussballen stehen. - Der linke Fuss von Tori muss sich blockierend an das rechte Knie von Uke anschmiegen, darf aber nicht stossen.
Hauptfehler	- Tori knickt seinen Körper ab. - Tori zieht Uke zu sich, statt eine Kreisbewegung auszuführen. - Tori setzt seinen linken Fuss zu tief an, das heisst unter dem Knie von Uke.

Gelegen-   Ansetzen der linken Fuss-Sohle von Tori an das rechte Knie
heiten   von Uke wenn
           - Uke den rechten Fuss zurücknimmt
           - Uke den linken Fuss zurücknimmt
           - Uke den linken Fuss vornimmt
           - das rechte Bein von Uke vorgestellt ist.

Persönliche Notizen:

Go Kyo no Kaisetsu 35

1. Kyo   3. Sasaë tsuri komi Ashi   Fuss blockieren mit Anheben

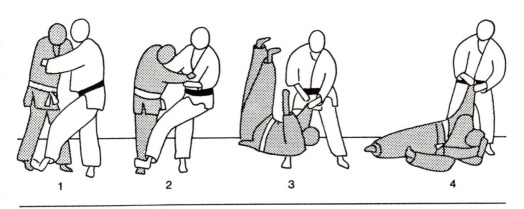

Klassierung	Fusswurf, günstig anzuwenden gegen vorwärtsdrängend angreifende Partner.
Prinzip	**Tsukuri** Tori setzt seinen rechten Standfuss mit nach einwärts gedrehten Zehen ausserhalb und vor den linken Fuss von Uke (1). Uke hat den rechten Fuss vorne. **Kuzushi** Tori zieht mit der linken Hand nach aussen oben, dann nach unten. Die rechte Hand von Tori hebt und stösst. **Kake** Tori setzt seine linke Fuss-Sohle an den Rist des rechten Fusses von Uke und blockiert denselben (2). **Nage** Uke fällt mit einer Rotation des ganzen Körpers (3) und liegt mit von Tori abgewendeten Füssen auf dem Boden (4).
Vorübungen und Aufbau	Allein, im Stand und beim Rückwärtsgehen die Bewegungen der Füsse ausführen. Dann dazu die Bewegungen der Hände.
Hinweise	- Der rechte Fuss von Tori steht auf dem Fussballen, damit Tori gut nach links drehen kann. - Der linke Fuss von Tori darf weder stossen noch fegen.
Hauptfehler	Tori zieht Uke an sich.
Gelegenheiten	Uke setzt den rechten Fuss vor oder nimmt den linken Fuss zurück.

Persönliche Notizen:

Go Kyo no Kaisetsu 37

1. Kyo   4. Uki Goshi   Flatternde Hüfte

1   2   3   4

Klassierung   Hüftwurf. Rotationswurf um die vertikale Achse von Uke, ohne Anheben.

Prinzip   **Tsukuri**
Tori zieht Uke so, dass dieser seinen linken Fuss vorsetzt und stört sein Gleichgewicht nach rechts vorne. Tori setzt seinen rechten Fuss neben die Innenseite des rechten Fusses von Uke, nimmt mit seiner rechten Hüfte Kontakt an Ukes Bauch und umfasst mit seinem rechten Arm dessen Taille (1).

Kake
Mit Tai sabaki nach links nimmt Tori seinen linken Fuss schräg vor den linken Fuss von Uke und erteilt seinem ganzen Körper ebenfalls eine Rotation nach links (2).

Nage
Durch die Rotation von Tori und den Zug seiner linken Hand bewegt sich der Schwerpunkt von Uke auf einer praktisch horizontalen Bahn (3). Uke fällt vor den Füssen von Tori nieder (4).

Hauptfehler   - Tori wirft Uke über die Hüften.
- Tori versucht Uke durch Strecken der zuvor gebeugten Knie aufzuheben (Verwechslung mit O Goshi).

Gelegenheiten   Uke ist statisch, nimmt den rechten Fuss vor oder zurück.

Weiterentwicklungen   Aufsuchen der günstigsten Bewegungsrichtung (auch Drehbewegung) und Kontaktmöglichkeit der rechten Hüfte von Tori.

Persönliche Notizen:

Go Kyo no Kaisetsu

1. Kyo **5. O soto gari** Grosses äusseres Wegfegen

Klassierung	Bein-/Fusswurf. Für grosse und kleine Kämpfer geeignet, wirkungsvoller Körpereinsatz möglich.
Prinzip	**Tsukuri** Uke hat den anzugreifenden rechten Fuss vorne. Tori stellt seinen linken Fuss ausserhalb des rechten Fusses von Uke auf gleicher Höhe ab. **Kuzishi** Das Gleichgewicht von Uke wird durch Zug der linken und Druck der rechten Hand nach rechts hinten gestört, so dass das Gewicht von Uke auf seiner rechten Ferse lastet. Tori hat das rechte Bein hinter dasjenige von Uke gebracht (1). **Kake** Durch Strecken des linken Beines und mit seinem Körpereinsatz fegt Tori mit seinem rechten Bein das rechte Standbein von Uke von hinten nach vorne und oben weg (2 + 3) - bei Hontai-Stellung von Uke: Der rechte Fuss von Tori gleitet dem Boden entlang; - bei Jigotai-Stellung von Uke: Tori fegt mit seiner rechten Kniekehle die rechte Kniekehle von Uke nach vorne und oben. **Nage** Uke fällt an der Seite von Tori nieder (4).
Hinweise	Die rechten Brustseiten von Tori und Uke berühren sich. Tori hat das Kinn angezogen und steht mit Vorlage.
Unfall-verhütung	Tori darf keinesfalls einen Schlag von oben nach unten auf die rechte Kniegegend von Uke ausüben.
Vorübungen und Aufbau	Tori übt Vorschritt und Fegebewegung aus dem Stand und beim Rückwärtsgehen.

Weiterentwicklungen	Tori und Uke üben und optimieren die Schrittfolgen im Vorwärts- und im Rückwärtsgehen.
Gegenwurf	Wenn Tori in fehlerhafter Rücklage steht, wendet Uke seinerseits ebenfalls O soto gari an.

Persönliche Notizen:

Go Kyo no Kaisetsu 41

1. Kyo   6. O Goshi   Grosse Hüfte

Klassierung	Hüftwurf. Grosser und wirkungsvoller Körpereinsatz mit Beinen und Hüften leicht möglich.
Prinzip	**Tsukuri** Uke hat beide Füsse auf gleicher Höhe oder den linken Fuss schon vorgesetzt oder wird durch Zug der Hände veranlasst, den linken Fuss vorzunehmen. **Kuzushi** Uke wird nach vorne aus dem Gleichgewicht gebracht, so dass er auf den Fussballen steht (1). Weiterführung des Tsukuri: Tori dreht mit gebeugten Knien ein, so dass seine Füsse innerhalb der Füsse von Uke stehen. Seine rechte Hand umfasst die Taille von Uke. Ganzer Rücken im Kontakt mit der Vorderseite von Uke (2). **Kake** Tori streckt die Knie, hebt Uke auf und über seine Hüfte mit ständigem Zug der linken Hand zunächst nach aussen und dann gegen seine Hüfte (3). **Nage** Durch das Ausheben bewegt sich der Schwerpunkt von Uke auf einer vertikalen Bahn. Der Körper von Uke beschreibt einen vollen Kreis und fällt mit von Tori abgewendeten Füssen auf die Tatami (4).
Vorübungen und Aufbau	Einzeln und dann zu zweit die Teilbewegungen, dann die Bewegungsfolge des Gleichgewichts-Störens, des Eindrehens, Umfassens, Aushebens und Werfens üben.

Weiter- entwicklungen	Aufsuchen der günstigsten Reihenfolge des Einstellens der Füsse (rechts/links oder links/rechts), Schrittfolge sowie Bewegungsrichtung.
Verteidigung	Handabwehr, "Hara", Gegenwurf.

Persönliche Notizen:

Go Kyo no Kaisetsu 43

1. Kyo   **7. O uchi gari**   *Grosses inneres Wegfegen*

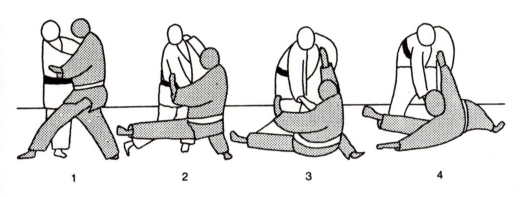

1   2   3   4

Klassierung	Fuss-/Beinwurf. Vielseitig anwendbarer Wurf.
Prinzip	**Tsukuri** Uke wird veranlasst, sein linkes Bein vorzunehmen und zu belasten. Tori setzt seinen rechten Fuss zwischen die Füsse von Uke (1). **Kuzushi** Das Gleichgewicht von Uke wird durch Druck der rechten Hand von Tori nach links hinten gestört, so dass das Gewicht von Uke hauptsächlich auf seiner linken Ferse ruht. **Kake** Tori stellt seinen linken Fuss hinter seinen rechten Fuss und verlagert sein Gewicht darauf. Mit der Ferse voran beschreibt der rechte Fuss von Tori eine Kreisbahn und fegt von innen/hinten her das linke Bein von Uke (2). - bei Hontai-Stellung von Uke: Mit dem Fussballen dem Boden entlang gleitend an dessen Ferse; - bei Jigotai-Stellung von Uke: Mit seiner rechten Kniekehle in der linken Kniekehle von Uke mit gleichzeitig verstärktem Druck seiner rechten Hand nach hinten. **Nage** Uke fällt nach hinten (links) (3 + 4).
Hinweise	- Das Standbein von Tori soll im Knie gebeugt sein. - Tori darf den Körper nicht abknicken.
Weiterentwicklungen	Schrittfolgen beim Vor- und Rückwärtsgehen sowie im Kreisen (von Tori aus nach rechts) üben. - Kake-Aktion der Füsse üben: Linker Fuss hinter den rechten Fuss, rechter Fuss mit Ferse voraus Kreisbewegung ausführen.

Kombinationen   Sehr zahlreich, zum Beispiel bei Gleichgewichtsverlagerung von Uke nach rechts Ko uchi gari oder Tai otoshi.

Persönliche Notizen:

Go Kyo no Kaisetsu 45

1. Kyo **8. Seoi Nage** **Rückenwurf**

| Klassierung | Hand-/Rückenwurf. Wirkungsvolle Technik für Kämpfer aller Grössen, jedoch besonders für Untersetzte. |

Prinzip **Tsukuri**
Uke bewegt sich nach vorne oder wird durch Tori veranlasst, als Reaktion nach vorne zu stossen. Durch Zug der Hände wird sein Gleichgewicht nach vorne gebrochen, so dass Uke auf den Fussballen steht (1).
Tori setzt seinen rechten Fuss neben den rechten Fuss von Uke. Mit Drehen auf der rechten Fuss-Spitze nimmt Tori den linken Fuss zurück, so dass seine beiden Füsse innerhalb der Füsse von Uke stehen. Unter andauerndem Zug der linken Hand (2) setzt Tori seine rechte Hand wie folgt ein:

Ippon Seoi Nage   *Morote Seoi Nage*   *Eri Seoi Nage*

Einhändiger Rückenwurf   Beidhändiger Rückenwurf   Kragen-Rückenwurf

Tori löst den Griff der rechten Hand, gleitet mit dem rechten Arm der rechten Flanke von Uke entlang und lädt den rechten Oberarm von Uke auf seinen rechten Bizeps.

Ohne den Griff der rechten Hand zu lösen, lädt Tori Uke auf seinen eingedrehten rechten Unterarm auf.

Tori löst den Griff der rechten Hand und ergreift das rechte Revers von Uke.

Kake
Mit gutem Rückenkontakt und mit etwas nach aussen geschobener rechter Hüfte streckt Tori die zuvor gebeugten Kniee und wirft Uke mit einem unterstützenden Stoss der Hüfte nach vorn über die Schulter (3).

Nage
Der Schwerpunkt von Uke beschreibt einen Kreis in vertikaler Ebene. Uke fällt mit von Tori abgewendeten Füssen (4).

Hinweise
- Tori muss die Füsse genügend zurücknehmen, damit er nicht in Rücklage gerät.
- Der Rücken von Tori muss bestmöglichen Kontakt mit der Vorderseite von Uke haben.

Hauptfehler
- Tori hält den Zug mit seiner linken Hand beim Eindrehen nicht aufrecht.
- Beim Versuch, Ippon Seoi Nage auszuführen nimmt Tori den rechten Arm von Uke auf seine Schulter.

Unfallverhütung
Bei der Ausführung des Nage darf Tori nicht durch Herunterziehen Uke auf den Kopf oder auf die Schulter werfen, sondern muss zum Schluss einen nach aufwärts gerichteten Zug der Hände anbringen.

Vorübungen und Aufbau
Zug-, Eindreh- und Wurfbewegungen einzeln, im Stand und im Gehen ausführen. Ferner die Bewegungen am an der Wand auf Schulterhöhe befestigten Kraftschlauch (unter Zug) ausführen

Persönliche Notizen:

第二教　2. Kyo

		刈	Ko soto gari
	外	刈	Ko uchi gari
小	内	車腰	Koshi Guruma
小腰	込	払	Tsuri komi Goshi
釣送	足	落	Okuri Ashi barai
体		腰	Tai otoshi
払		股	Harai Goshi
内			Uchi Mata

Go Kyo no Kaisetsu 49

2. Kyo   9. **Ko soto gari**   *Kleines äusseres Wegfegen*

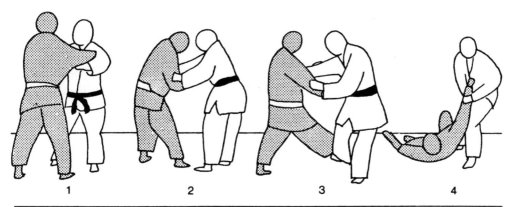

1   2   3   4

Klassierung   Fusswurf.

Prinzip   **Tsukuri**
Uke wird veranlasst, den rechten Fuss vorzunehmen (1) und sein Gewicht auf beide Füsse abzustützen. Durch Vorstellen des linken Fusses und Nachziehen des rechten Fusses geht Tori an die rechte Seite von Uke.

Kuzushi
Gleichzeitig stösst Tori mit seiner rechten Hand nach hinten und zieht mit seiner linken Hand nach hinten unten, so dass die Fersen von Uke auf dem Boden blockiert sind (2).

Kake
Tori fegt mit Unterstützung der Hände und des ganzen Rumpfes das rechte Bein von Uke in der Richtung der Zehen
- mit der Sohle des linken Fusses an der rechten Ferse von Uke (3),
- mit dem linken Bein das rechte Bein von Uke, wenn dieser Jigotai-Stellung eingenommen hat.

Nage
Uke fällt vor Tori auf den Rücken (4).

Gelegen-   - Uke will zu einer Aktion nach links eindrehen.
heiten   - Uke zieht in Jigotai-Stellung zurück.
            - Uke nimmt den linken Fuss zurück.

Hinweise   - Wenn der rechte Fuss von Uke im Vorgehen erst belastet würde (zu frühes Fegen), ergäbe sich Ko soto barai.
           - Wenn die rechte Ferse von Uke bereits dessen ganzes Gewicht übernommen hätte, ergäbe sich Ko soto gake.

Hauptfehler - Tori knickt seinen Oberkörper ab.
            - Tori stösst nicht genügend mit der rechten Hand und zieht

nicht genügend mit der linken Hand rückwärts/abwärts unter
gleichzeitigem Körpereinsatz.

Persönliche Notizen:

Go Kyo no Kaisetsu   51

2. Kyo   10. **Ko uchi gari**   *Kleines inneres Wegfegen*

    1   2   3   4

Klassierung   Fuss-/Beinwurf. Vielseitig anwendbarer Wurf, gut geeignet für kleinere Kämpfer.

Prinzip   *Tsukuri*
Uke wird veranlasst, seinen rechten Fuss nach vorne zu nehmen, zu belasten und nach rückwärts zu reagieren (1).

Kuzushi
Mit der linken Hand zieht Tori nach aussen/unten und mit der rechten Hand stösst Tori Uke nach rechts hinten (2).

Kake
Tori fegt das rechte Bein von Uke in der Richtung der Zehen von dessen rechtem Fuss
- bei Hontai-Stellung von Uke: Mit der Fuss-Sohle des rechten Fusses an der rechten Ferse von Uke, wobei die kleine rechte Zehe von Tori ständig dem Boden entlanggleitet (3);
- bei Jigotai-Stellung von Uke: Durch Einhaken des rechten Beines an das rechte Bein von Uke.
In beiden Fällen muss der Druck der rechten Hand von Tori nach hinten gleichzeitig verstärkt werden.
Verstärkung durch Kontakt Brust gegen Brust, Abstossen durch das linke Standbein und Uebergang in Sutemi.

Nage
Uke fällt nach hinten (rechts) (4).

Hinweise   - Das Standbein von Tori muss gebeugt sein.
- Tori darf den Oberkörper nicht abknicken.

Weiterentwicklung   Schrittfolgen beim Vor- und Rückwärtsgehen üben. Ferner Wurfansatz aus dem Kreisen (Tai sabaki nach links).

Kombinationen   Sehr zahlreich, zum Beispiel bei Gewichtsverlagerung von
                 Uke
                 - nach links = O uchi gari,
                 - nach vorwärts = Ippon Seoi Nage.

   Unfall-   Tori muss das rechte Knie tief halten, um Prellung des
   verhütung   Unterleibes von Uke zu vermeiden.

Persönliche Notizen:

Go Kyo no Kaisetsu 53

2. Kyo   11. Koshi Guruma   Hüft-Rad

1   2   3   4   5

Klassierung	Hüftwurf.
Prinzip	**Tsukuri** Uke befindet sich in Hidari Shizentai, indem er - durch Zug der rechten Hand von Tori sein linkes Bein vornimmt (1) oder - durch Stossen der linken Hand von Tori sein rechtes Bein zurückgenommen hat (2). **Kuzushi** Tori setzt seinen rechten Fuss vor den rechten Fuss von Uke, führt unter Zug der linken Hand Tai sabaki nach links aus, wodurch das Gleichgewicht von Uke nach rechts vorne gebrochen wird. **Kake** Mit seinem rechten Arm umfasst Tori den Nacken von Uke, nimmt Hüftkontakt mit Uke, wobei seine rechte Hüfte gegenüber derjenigen von Uke weit vorsteht (3). Durch Vorbeugen des Rumpfes (4), Ziehen und Drehen verursacht Tori den Wurf. **Nage** Uke fällt zur Rechten von Tori (5).
Vorübung	Eindrehen und Hüftansatz einzeln üben.
Gelegenheit	Uke rotiert nach links um Tori.
Hinweis	Das Werfen bei Koshi Guruma erfolgt ==nicht wie bei O Goshi durch Ausheben und Strecken der Beine von Tori, sondern durch die Drehbewegung um die Hüfte als Achse.==
Kombinationen	Tori führt anschliessend an einen nicht mit Ippon bewerteten Wurf Hon gesa gatame oder Kata gatame aus.

Persönliche Notizen:

Go Kyo no Kaisetsu

2. Kyo   12. Tsuri komi Goshi   Angehobene Hüfte

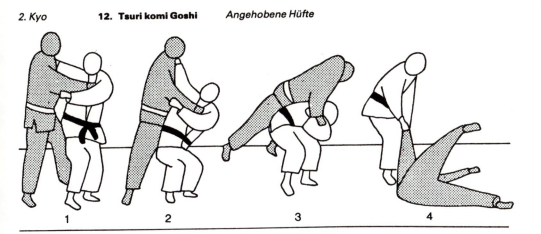

1   2   3   4

Klassierung   Hüftwurf.

Prinzip

Tsukuri
Uke befindet sich in Hidari Shizentai, indem er durch Zug der rechten Hand von Tori sein linkes Bein vorgenommen oder durch Stossen der linken Hand von Tori sein rechtes Bein zurückgenommen hat (1).

Kuzushi
Tori zieht Uke nach vorne und hebt ihn gleichzeitig durch Aufwärtsdruck seiner rechten Hand an (Tsuri komi-Bewegung ähnlich der Bewegung beim Fischen). Der rechte Arm von Tori kann gestreckt (2) oder nach oben abgewinkelt sein, so dass der Ellbogen in der linken Achselhöhle von Uke die Stosswirkung verstärkt.

Kake
Tori dreht zu sehr tiefem Hüftkontakt ein. Durch Zug der Hände wird Uke zum Kippen über Tori gebracht (3), was durch Strecken der Beine noch unterstützt wird.

Nage
Uke fällt vor Tori mit von ihm abgewendeten Füssen (4).

Variante   **Sode tsuri komi Goshi**   *(Ärmelweise angehobene Hüfte)*

Die nach vorne und oben stossende Hand erfasst nicht das Revers von Uke, sondern greift dessen Aermel an. Daher ist diese Variante als Linkswurf geeignet: Tori braucht keinen der ursprünglichen Griffe (Kumi Kata rechts) zu lösen.

Hinweise
- Uke muss wirksam und dauernd nach oben gestossen werden, damit er nicht seinen Körper abwinkelt.
- Tori darf seinen Oberkörper nicht zu früh vorneigen, damit der Rückenkontakt erhalten bleibt.

Persönliche Notizen:

Go Kyo no Kaisetsu 57

2. Kyo   13. **Okuri Ashi barai**   Nachgezogenen Fuss wegwischen

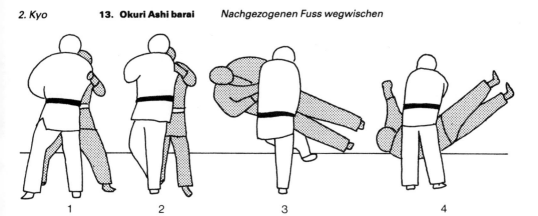

1   2   3   4

Klassierung	Fusswurf. Für rasche Judoka, verlangt Präzision.
Prinzip	**Tsukuri** Uke zieht seinen rechten Fuss an seinen linken Fuss und will das Gewicht auf den rechten Fuss verlagern (1). **Kuzushi** Tori dreht den Oberkörper von Uke durch Aufwärtsbewegung und Zug der rechten Hand sowie Einwärts- und Abwärtsbewegung der linken Hand, so dass das Gleichgewicht von Uke zur rechten Seite gestört wird. **Kake** Beim Annähern des rechten Fusses von Uke an dessen linken (2) und Uebernahme des Gewichtes durch den rechten Fuss wischt Tori mit der Sohle seines linken Fusses beide Füsse von Uke mit verstärkter Aktion der Hände unter dessen Körper weg (3). **Nage** Uke fällt seitlich ausgestreckt von Tori (4).
Gelegenheiten	- Uke geht nach links (rückwärts) in Tsugi Ashi. - Uke bewegt sich im Kreis.
Hinweise	- Beim Wischen gleitet die linke kleine Zehe von Tori dem Boden entlang. - Tori darf den Oberkörper nicht abknicken, sondern stellt Hara heraus und dreht seinen Oberkörper nach links hinten.
Vorübung	Tori bewegt sich in Tsugi Ashi nach rechts mit Wischbewegung des linken Fusses und Drehbewegung der Hände.

Hauptfehler
- Tori wischt zu hoch und mit der inneren Kante des Fusses.
- Tori "kickt" mit dem linken Fuss, anstatt auf einem längeren Weg "nachzuwischen".
- Griff der Hände und Bewegungsrichtung stimmen nicht zueinander.

Weiterentwicklung
Tori fegt nach drei, zwei und einem Schritt sowie aus der Drehbewegung.

Persönliche Notizen:

Go Kyo no Kaisetsu 59

2. Kyo   **14. Tai otoshi**   Körper fallenlassen

1   2   3   4

Klassierung   Handwurf. Geeignet für grosse und kleine Judoka, bietet viele Möglichkeiten für Kombinationen, daher von zentraler Wichtigkeit.

Prinzip

Tsukuri
Durch entsprechende Schrittfolgen und Zug der Hände von Tori wird Uke veranlasst, das rechte Bein vorzustellen und das Hauptgewicht auf den rechten Fuss zu verlagern (1).

Kuzushi
Das Gleichgewicht von Uke wird nach rechts/vorne gestört, indem die rechte Hand und der rechte Unterarm von Tori nach oben stossen, während die linke Hand nach aussen zieht. Das Gewicht von Uke ist auf die rechten Zehen verlagert (2).

Kake
Mit schwunghaftem Tai sabaki nach links nimmt Tori seinen linken Fuss zurück und stellt ihn schräg vor den linken Fuss von Uke. Seinen rechten Fuss setzt er aussen an den rechten Fuss von Uke und blockiert denselben. Der Wurf erfolgt durch Intensivierung der Druck- und Zugaktion der Hände ohne weiteren Körperkontakt (2 + 3).

Nage
Uke fällt schräg vor Tori (4).

Hinweise
- Ist Tori viel grösser als Uke, so kann er auch mit seinem rechten, stark nach unten gebeugten Knie den rechten Fuss von Uke blockieren, wobei sein Unterschenkel seitlich oder nach hinten zeigt.
- Durch zu frühen Zug nach unten knickt Uke seinen Oberkörper ein.
- Bei Nage muss Tori sein Gleichgewicht und die Armkontrolle von Uke bewahren und nicht selbst nach vorwärts fallen.

Vorübungen	- Tori nimmt Tai otoshi-Stellung (2) ein und führt die Drehbewegung mit dem Oberkörper aus. - Tori führt Tai sabaki, die Eingangsfuss-Stellung und die Drehbewegung des Oberkörpers aus.
Weiterentwicklung	Tsukuri aus dem Gehen: Rückwärts, seitwärts, kreisen.
Kombinationen	O uchi gari, Ko uchi gari.
Gegenwürfe	Morote Seoi Nage, Yoko wakare.

Persönliche Notizen:

Go Kyo no Kaisetsu   61

2. Kyo   15. Harai Goshi   Hüfte wegwischen

Klassierung   Hüftwurf. Für alle Körpergrössen geeignet.

Prinzip   **Tsukuri**
Das anzugreifende rechte Bein von Uke steht vorne, indem
- das rechte Bein vorgenommen wurde,
- das linke Bein zurückgenommen wurde oder
- das rechte Bein im Begriffe ist, zurückgenommen zu werden.

Kuzishi
Das Gleichgewicht wird nach rechts vorne gestört, so dass
Uke auf den Fussballen steht (1).

Kake
Durch Eindrehen nimmt Tori Hüftkontakt mit Uke. Mit der Innenseite seines rechten Beines fegt Tori das rechte Bein
schräg nach hinten (2). Durch Zug des linken Armes und
Druck mit dem rechten Arm sowie Rotation des Körpers nach
links wird Uke vollends aus dem Gleichgewicht gebracht.
Gleichzeitig streckt sich das Standbein von Tori (3).

Nage
Uke fällt vor Tori mit von ihm abgewendeten Füssen (4).

Vorübungen   - Allein: Fegen in Vierfüssler-Stellung und im Stand.
             - Mit Partner: Eindrehen und am Bein des Partners vorbei
               fegen.

Unfall-   Tori darf mit seinem rechten Bein nicht von oben nach unten
verhütung   auf das Knie von Uke schlagen, sondern soll mit möglichst
und   grosser Kontaktlänge des rechten Beines mit einer Bewegungs-
Hinweis   komponente von unten nach oben so fegen, dass Uke schon dadurch angehoben wird.

Weiter- entwicklungen	Je nach Grösse, Stellung und Bewegungsrichtung ist zu optimieren: - Der rechte Unterarm von Tori drückt gegen die Brust von Uke oder unter dessen Achselhöhle. - Tori setzt beim Eingang den rechten Fuss innerhalb und neben den rechten Fuss von Uke und nimmt sein linkes Bein mit Tai sabaki zurück. - Tori setzt zunächst den linken Fuss zwischen die Füsse von Uke und dreht auf der linken Fuss-Spitze ein. - Tori wirft beim Vorwärtsgehen oder bei Drehbewegung von Uke, wenn dieser das rechte Bein vorgestellt hat oder zurücknehmen will.

Persönliche Notizen:

Go Kyo no Kaisetsu   63

2. Kyo   **16. Uchi Mata**   *Innenseite des Oberschenkels*

Klassierung Bein-/Hüftwurf. Wirksamer Kampfwurf, insbesondere für grosse
             Judoka oder solche, die einen tiefen Eingang praktizieren.

Prinzip   **Tsukuri**
             Uke wird veranlasst, Jigotai-Stellung, mit etwas gespreizten
             Beinen, einzunehmen und im Einsatzmoment das Gewicht auf
             seinen linken Fuss zu verlagern.

             Kuzushi
             Das Gleichgewicht wird nach vorne oder rechts/vorne gestört.
             Bei gleichzeitigem Armzug setzt Tori seinen linken Fuss tief
             zwischen die Füsse von Uke. Das linke Standbein ist im Knie
             gebeugt. Mit Hüftkontakt bringt Tori das rechte Wurfbein
             tief zwischen die Beine von Uke.

             Kake
             Es sind Varianten zu unterscheiden:
             - Uchi Mata als Beinwurf: Mit dem rechten Wurfbein fegt Tori
               die Innenseite des linken Oberschenkels von Uke nach oben,
               streckt sein linkes Knie und dreht nach links.
             - Uchi Mata als Hüftwurf: Tori fegt das rechte Bein von Uke
               mit Kontakt der rechten Hüfte weg.
             - Uchi Mata Ken Ken: Bei nicht genügendem Kontakt (Erfolg)
               nimmt Tori hüpfend den linken Fuss mehr zurück und verstärkt
               dadurch die Fege- und Drehwirkung.

             Nage
             Uke fällt etwas seitlich vor Tori.

Vorübungen   - Allein: Vorschritt links - Eindrehen des linken Fusses bei
               gebeugtem linkem Knie - Fegen mit dem rechten Bein und Kör-
               perdrehung nach links.
             - Mit Partner, aber das Fegen erfolgt an (neben) ihm vorbei.

Hinweis	In der Endphase von Uchi Mata darf (und soll) der Oberkörper von Tori tief nach unten gehen.
Bewegungsrichtungen	Vor- und Rückwärtsgehen sowie Drehbewegungen wie bei Nage no Kata.
Unfallverhütung	Durch das Fegen dürfen die Hoden des Partners nicht verletzt werden.
Verteidigung	Neben anderen Verteidigungsmöglichkeiten ist das Zusammenschliessen der eigenen Beine spezifischer und wirksamer Schutz gegen den Angriff.
Kombinationen und Gegenwürfe	Sehr vielfältig, so dass der Leiter die Lernenden zum Suchen nach Weiterentwicklungen anhalten kann.

Persönliche Notizen:

第三教 3. Kyo

		掛腰	Ko soto gake
	外	腰	Tsuri Goshi
小	釣	落	Yoko otoshi
横		車	Ashi Guruma
足		腰	Hane Goshi
跳	釣込	足	Harai tsuri komi Ashi
払		投	Tomoë Nage
巴肩		車	Kata Guruma

Go Kyo no Kaisetsu

| 3. Kyo | **17. Ko soto gake** | **Kleines äusseres Wegfegen** |

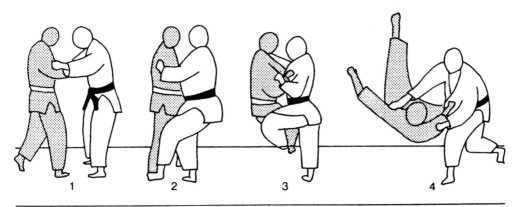

Klassierung   Fusswurf.

Prinzip   *Tsukuri*
Uke wird veranlasst, den rechten Fuss vorzunehmen (1) und
sein Gewicht auf die Ferse des rechten Fusses zu verlagern.
Durch Vorstellen des linken Fusses und Nachziehen des rechten Fusses geht Tori an die rechte Seite von Uke.

Kuzushi
Gleichzeitig stösst Tori mit seiner rechten Hand nach hinten
und zieht mit seiner linken Hand nach hinten/unten und aussen,
so dass die rechte Ferse von Uke auf dem Boden blockiert wird.

Kake
Tori greift das rechte Bein von Uke durch Einhaken und Weg-
ziehen in Richtung der Zehen mit seinem linken Bein an (2)
und wirft Uke durch verstärkten Zug und Druck (3) nach hinten.
Den Angriff auf das rechte Bein von Uke kann Tori ausführen
- mit der Fuss-Sohle des linken Fusses an der Ferse von Uke (5),
- mit der Ferse seines linken Fusses an der rechten Ferse von
  Uke (6),
- mit der Rückseite seines linken Unterschenkels an dem von
  Uke (7).

 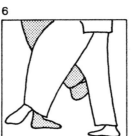 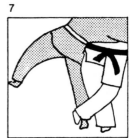

Nage
Uke fällt vor Tori auf den Rücken (4).

Gelegen- - Uke will zu einer Aktion nach links eindrehen.
heiten   - Uke nimmt den linken Fuss zurück.
          - Uke zieht in Jigotai-Stellung zurück.

Hauptfehler - Tori knickt seinen Oberkörper ab, statt mit Hara zu arbeiten.
             - Tori unterstützt die Aktion der Hände nicht genügend mit
               dem Einsatz des ganzen Körpers.

Persönliche Notizen:

Go Kyo no Kaisetsu 69

3. Kyo 18. **Tsuri Goshi** **Angehobene Hüfte**

1 Ko tsuri Goshi
2 O tsuri Goshi

Klassierung   Hüftwurf. Variante O tsuri Goshi für grosse Judoka, Ko tsuri Goshi für kleine Judoka.

Prinzip   **Tsukuri**
Uke hat die Füsse auf derselben Höhe oder den linken Fuss schon vorgestellt oder wird durch Zug der Hände veranlasst, den linken Fuss vorzunehmen.

Kuzushi
Uke wird nach vorne aus dem Gleichgewicht gebracht, so dass er auf den Fussballen steht.

Kake
Tori setzt seinen rechten Fuss vor und etwas innerhalb des rechten Fusses von Uke auf den Fussballen ab und dreht mit Tai sabaki nach links zum Hüftkontakt ein. Gleichzeitig erfasst Tori mit seiner rechten Hand den Gürtel von Uke auf dessen Rücken
- unterhalb des linken Armes von Uke hindurch, ergibt Ko tsuri Goshi (1),
- über den linken Arm von Uke, ergibt O tsuri Goshi (2).
Tori hebt Uke durch Strecken der Knie aus und wirft mit Zug der linken Hand zunächst nach aussen und dann gegen seine Hüfte (3).

Nage
Uke fällt mit von Tori abgewendeten Füssen auf den Rücken (4).

Gelegen-   - Gegen einen Gegner, dessen Oberkörper vorgebeugt ist (O tsuri
heiten   Goshi).
- Als Linkswurf gegen einen Gegner, der den rechten Kragen von Tori sehr hoch ergriffen hat (Ko tsuri Goshi).

Hinweis   Guter Rückenkontakt ist zu bewahren.

Persönliche Notizen:

Go Kyo no Kaisetsu

3. Kyo   **19. Yoko otoshi**   *Seitliches Fallenlassen*

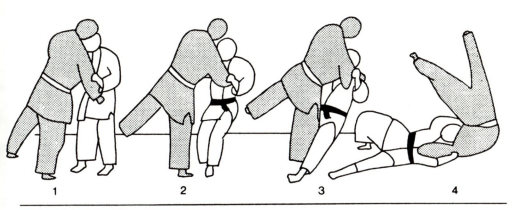

Klassierung	Yoko sutemi.
Prinzip	**Tsukuri** Tori hat eine Seitwärtsbewegung nach seiner Linken eingeleitet (1). **Kuzushi** Durch eine Schrittverlängerung und Zug der linken Hand nach unten hat Tori den rechten Fuss von Uke am Boden fixiert und dessen Gleichgewicht nach rechts gestört. Tori stützt sein eigenes Gewicht auf dem rechten Fuss ab (2). **Kake** Tori gleitet mit seinem linken Bein dem rechten Fuss von Uke entlang. Dabei befindet sich die Kante des linken Fusses in Kontakt mit dem Boden (3). Dadurch, dass Tori seinen Oberkörper in der Verlängerung des linken Beines hält, wird Uke durch das ganze Körpergewicht von Tori nach unten gezogen. **Nage** Die Stützkraft, welche von seinem rechten Fuss ausgeht, überträgt Tori in die Hände, deren Aktion den Wurf vervollständigen (4). Uke fällt auf einer Kreisbahn in seiner ursprünglichen Bewegungsrichtung mit Maë Ukemi.
Hauptfehler	- Tori gleitet nicht mit der linken Fusskante auf dem Boden. - Tori knickt während des Werfens seinen Körper ab (sitzt ab). - In der Endphase des Wurfes hebt Tori seinen rechten Fuss vom Boden ab, statt ihn zur Kraftübertragung zu nutzen.
Vorübungen	- Einzeln als Tori: Von der aufrechten Stellung in die Endstellung des Wurfes (4) übergehen. - Einzeln als Uke: Anschliessend an Seitschritt Fallübung.

Unterscheidung verwandter Würfe: Siehe "Sumi Gaeshi" (Seite 86).

Persönliche Notizen:

Go Kyo no Kaisetsu 73

3. Kyo   20. **Ashi Guruma**   Bein-Rad

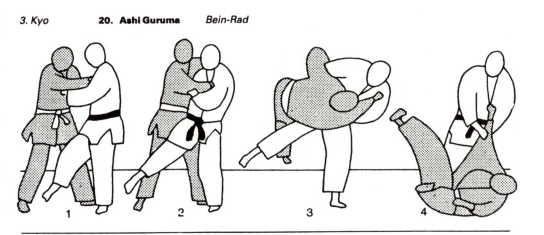

Klassierung	Beinwurf.
Prinzip	**Tsukuri** Uke setzt mit Vorschritt links den Fuss auf den Boden auf oder will den rechten Fuss nach vorne bewegen (1). **Kuzishi** Tori stört das Gleichgewicht von Uke nach rechts vorne. Er nimmt mit einer Drehbewegung nach links seinen linken Fuss zurück und setzt ihn etwas vor und ausserhalb des linken Fusses von Uke ab. Unter Aufrechterhaltung des Zuges beider Hände nimmt Tori sein rechtes Bein vor Uke (2). **Kake** Tori blockiert mit der Rückseite seines rechten Beines das rechte Knie von Uke und wirft mit Linksdrehung des ganzen Körpers. Seine rechte Hand stösst Uke, die linke zieht (3). **Nage** Uke fällt vor Tori (4).
Hauptfehler	- Tori schlägt auf das Knie von Uke. - Tori streckt das rechte Bein zu wenig und dreht sich ungenügend.
Weiterentwicklung	Wurf sowohl aus dem Vorwärtsgehen von Uke wie aus der Drehbewegung üben.

Kombinationen und Gegenwürfe: Zahlreich, je nach Reaktion von Uke.

Unterscheidung verwandter Würfe

Wurf	Nr.	Stellung Tori/Uke	Kontakt	Aktion	
Hiza Guruma	2	Vorderseiten einander zugewendet	Nur Beinkontakt	Der linke Fuss von Tori blockiert das rechte Knie von Uke	Kein Fegen
Ashi Guruma	20			Das rechte Bein von Tori blockiert das rechte Knie von Uke	
O Guruma	30	Rückseite von Tori der Vorderseite von Uke zugewendet	Beinkontakt, eventuell wenig Hüftkontakt	Die Oberschenkel von Uke werden	gefegt
Harai Goshi	15		Hüfte von Tori in Kontakt mit dem Unterleib von Uke	Das rechte Bein von Uke wird	
O soto Guruma	33	Rücken an Rücken	Beinkontakt	Halten und/oder Fegen	

Hinweis: Bei den oben mit "Guruma" bezeichneten Würfen dient das Bein von Tori als Achse, um welche Uke rotierend fällt.

Persönliche Notizen:

Go Kyo no Kaisetsu 75

3. Kyo 21. **Hane Goshi** *Angesprungene Hüfte*

Klassierung	Hüftwurf. Vielseitig anwendbar.
Prinzip	*Tsukuri* Uke steht in Shizen hontai oder Migi Shizentai und /oder führt als Reaktion auf Toris Druck eine Aufwärtsbewegung durch. *Kuzushi* Das Gleichgewicht wird nach vorne gestört. Tori zieht Uke gegen sich und setzt seinen linken Fuss so, dass die Ferse nach hinten zeigt (1). Mit seinem etwas gespreizten und abgewinkelten rechten Bein nimmt Tori sprunghaft Kontakt mit der Innenseite des rechten Beines von Uke auf dessen ganzer Länge (2). *Kake* Unter Strecken des Knies seines Standbeines und durch Spreizen seines rechten Beines schnellt Tori Uke auf und wirft ihn durch Druck der rechten Hand, Zug der linken Hand sowie Körperdrehung nach links (3). *Nage* Uke fällt vor Tori (4).
Vorübung	Allein und mit Partner Sprung- und Schnellaktion des rechten Beines und Federaktion des linken Beines üben.
Hinweise	Tori soll den rechten Unterschenkel nicht (mehr) zu stark abwinkeln und zu hoch ansetzen. Die Aussenseite des rechten Fusses von Tori liegt an der Innenseite des rechten Fusses von Uke (2).

Hauptfehler	- Ungenügender Bein- und Hüftkontakt. - Tori setzt den rechten Fuss zu hoch am oder hinter dem rechten Bein von Uke an. - Knie des Standbeins von Tori ist zu Beginn nicht genügend gebeugt.
Verteidigung	Nach rechts drehen und mit der linken Hand abstossen.
Kombinationen	Ko uchi gari, Tai otoshi.
Gegenwürfe	Sukui Nage, Tani otoshi.
Weiterentwicklung	Tori wirft beim Vorwärtsgehen oder aus der Drehbewegung.

Persönliche Notizen:

Go Kyo no Kaisetsu

3. Kyo   22. **Harai tsuri komi Ashi**   *Fuss wegwischen mit Anheben*

Klassierung   Beinwurf.

Prinzip   *Tsukuri*
Uke bewegt sich, mit dem rechten vorgestellten Bein beginnend, rückwärts. Tori folgt durch einen Vorschritt seines rechten Beines nach und stellt seinen rechten Fuss mit den Zehen nach innen zeigend ab (1).

Kuzushi
Tori hebt Uke mit einer Bewegung der Arme ähnlich wie beim Fischen an (tsuri komi), wodurch Uke auf die Fuss-Spitzen gestellt wird und das Gleichgewicht nach vorne verliert.

Kake
Wenn Uke sein Gewicht auf den rechten Fuss abstützen will, setzt Tori die Sohle seines linken Fusses an den rechten Rist von Uke (2) und wischt das Bein durch eine Aufwärtsbewegung nach oben (3). Tori dreht sich um seine eigene Körperachse nach links und Uke durch die Aktion seiner Hände in Rückenlage (4).

Nage
Uke fällt vor Tori auf den Rücken (5).

Hauptfehler
- Tori behindert den richtigen Fall von Uke, indem er mit seinem Körper nicht (genügend) nach links dreht oder weil er den rechten Standfuss nicht mit den Zehen nach innen zeigend abgestellt hat.
- Tori knickt seinen Körper in den Hüften ab.
- Tori wischt nicht mit der Sohle des gedrehten linken Fusses.

Persönliche Notizen:

3. Kyo 23. Tomoë Nage — Kreis-Wurf

| Klassierung | Ma sutemi. Besonders für untersetzte Judoka geeignet. Uke kann in Shizentai- oder Jigotai-Stellung sein. |

Prinzip

Tsukuri
Uke stösst Tori nach vorne und hat seinen rechten Fuss vorgestellt (1). Tori setzt seinen linken Fuss zwischen und so weit als möglich hinter die Füsse von Uke.

Kuzushi
Tori zieht Uke aufwärts und über seinen Kopf. Er verstärkt die Gleichgewichtsstörung durch das Gewicht seines Körpers noch weiter, indem er mit Schwung auf seinen linken Fuss in die Hocke geht.

Kake
Tori setzt seinen rechten Fuss an den Unterleib (Nabel) von Uke (2), hebt ihn damit auf, zieht ihn mit den Händen über sich und rollt mit dem Rücken ganz auf den Boden (3).

Nage
Uke fällt in Maë Ukemi in gerader Richtung nach hinten über Tori hinweg (4).

Hinweis Tori geht vorteilhaft zu einem symmetrischen Griff der Hände über, zum Beispiel Erfassen beider Revers von Uke.

Hauptfehler
- Tori sitzt zu früh ab.
- Tori hebt den linken Fuss vom Boden weg, anstatt mit demselben den Druck beim Rückwärtsfallen zu verstärken.

Vorübung Einzeln aus der aufrechten Stellung Vorschritt links und in die Hocke auf die linke Ferse gehen, den rechten Fuss hochheben und über den Rücken nach hinten rollen.

Weiter-   Tori rollt mit gespreizten Beinen über den auf dem Rücken
entwicklung am Boden liegenden Uke und geht zu Tate shiho Gatame über.

Unterscheidung verwandter Würfe: Sutemi mit aktivem Bein-/Fusskontakt
               siehe Seite 86.

Persönliche Notizen:

Go Kyo no Kaisetsu 81

3. Kyo   24. **Kata Guruma**   Schulter-Rad

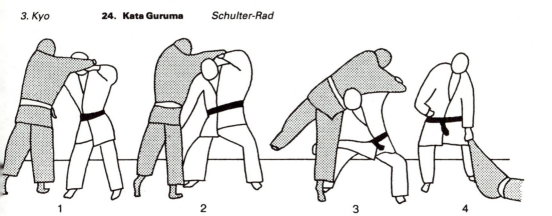

1   2   3   4

Klassierung   Handtechnik. Besonders für untersetzte Judoka geeignet.

Prinzip   *Tsukuri*
               Uke geht oder stösst Tori nach vorne und hat seinen rechten
               Fuss vorgesetzt. Tori ergreift unter dem rechten Arm von Uke
               durch dessen Aermel auf der Innenseite mit Daumen gegen Uke
               gerichtet. Tori befreit seinen rechten Arm vom Griff von Uke
               (1).

               Kuzushi
               Tori macht mit dem linken Bein einen grossen Schritt zurück
               und zieht mit seiner linken Hand nach vorne/oben, während
               er mit gebeugten Knien seinen rechten Fuss zwischen die
               Füsse von Uke setzt (2).

               Kake
               Mit seiner rechten Hand greift Tori den rechten Oberschenkel
               von Uke. Durch weiteres Beugen der Knie lädt Tori Uke mit
               ständigen Zug auf seine Schultern (3).

               Nage
               Durch kreisförmiges Weiterziehen mit der linken Hand fällt
               Uke an der linken Seite von Tori nieder (4).

Hinweis   Tori muss beim Werfen seinen linken Fuss zum rechten ziehen.

Hauptfehler   Tori beugt beim Aufladen den Oberkörper vor, anstatt in die
               Knie zu gehen.

Unfall-   - Wenn Tori beim Aufladen seinen Oberkörper vorbeugt, besteht
verhütung   die Gefahr, dass die Wirbelsäule überlastet wird.
               - Tori muss den Fall von Uke mit seiner linken Hand kontrol-
                 lieren: In der Endphase Zug nach oben.

Vorübung   Tori lädt Uke auf die Schultern und führt Kniebeuge aus.

Persönliche Notizen:

第四教 4. Kyo

隅	返	Sumi Gaeshi
谷	落	Tani otoshi
跳 巻	込	Hane maki komi
掬	投	Sukui Nage
移	腰	Utsuri Goshi
大	車	O Guruma
外 巻	込	Soto maki komi
浮	落	Uki otoshi

Go Kyo no Kaisetsu   85

4. Kyo   25. **Sumi Gaeshi**   Eck-Wurf

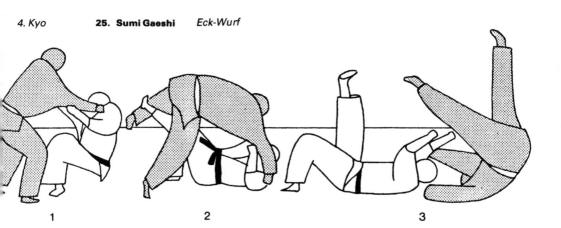

1   2   3

Klassierung   Ma sutemi

Prinzip   *Tsukuri*
Uke nimmt Jigotai-Stellung ein. Tori setzt seine Füsse zwischen und knapp vor die Füsse von Uke, verlagert sein Gewicht auf seinen linken Fuss und geht in die Hocke (1).

Kuzushi
Das Gleichgewicht von Uke wird nach vorwärts gestört, weil Uke Tori nach vorne stösst und/oder von Tori gezogen wird.

Kake
Tori setzt den Rist seines rechten Fusses in die Kniekehle oder an die Innenseite des linken Oberschenkels von Uke an und gibt Uke damit einen Schwung nach oben/vorne. Gleichzeitig rollt er aus der Hocke zur Rückenlage. Mit den Händen zieht er Uke in einer Kreisbewegung (2).

Nage
Uke fällt in Maë Ukemi in gerader Richtung nach hinten (3).

Hauptfehler   - Tori sitzt zu früh und zu weit von Uke entfernt ab.
- Tori nimmt beim Fallen den linken Standfuss vom Boden weg, anstatt mit demselben "abzudrücken".
- Tori hindert Uke am Fallen durch unzweckmässigen Griff an dessen Arm.

Vorübung   Einzeln aus der aufrechten Stellung in die Hocke und Wurf-Endstellung gehen.

Unterscheidung verwandter Würfe (Sutemi mit aktivem Bein-/Fusskontakt)

Wurf	Nr.	Stellung Tori/Uke	Stellung des aktiven Beines von Tori	Beinstellung von Tori ⌐ Fussstellung von Uke ◁▷ Fallrichtung von Uke →
Yoko otoshi	19	Vorderseiten einander zugewandt	Linkes Bein seitlich am rechten Fuss von Uke	
Tomoë Nage	23		Rechter Fuss am Unterleib von Uke	
Sumi Gaeshi	25		Rechter Fuss in der linken Kniekehle von Uke	
Uki Waza	34		Linkes Bein vor dem rechten Fuss von Uke	
Tani otoshi	26	Vorderseite von Tori der rechten Seite von Uke zugewandt	Linkes Bein hinter beiden Füssen von Uke	

Persönliche Notizen:

Go Kyo no Kaisetsu   87

4. Kyo   26. Tani otoshi   Tal-Fall

Klassierung   Yoko sutemi

Prinzip   **Tsukuri**
                 - von Uke: Uke hat seinen rechten Fuss vorgestellt und/oder
                   zieht zurück, oder
                   Uke will angreifen und dreht dazu Tori die rechte Körper-
                   seite zu.
                 - von Tori: Tori bewegt seinen rechten Fuss zum rechten Fuss
                   von Uke (1) und seinen linken Fuss hinter den rechten Fuss
                   von Uke (2).

                 Kuzushi
                 Durch Zug der linken Hand nach rechts hinten und Druck der
                 rechten Hand stört Tori das Gleichgewicht von Uke und fixiert
                 dessen beide Fersen am Boden.

                 Kake
                 Tori gleitet mit seinem linken Bein der Rückseite der Beine
                 von Uke entlang. Dabei rutscht die Kante des linken Fusses
                 ständig auf dem Boden (3). Durch das Körpergewicht von Tori
                 und den Zug der Hände wird Uke nach hinten gezogen.

                 Nage
                 Uke fällt mit Ushiro Ukemi zu Boden (4).

Hauptfehler   - Tori stellt sein linkes Bein nicht weit genug vor, das heisst
                   bis zum linken Fuss von Uke.
                 - Tori knickt währenddes Werfens seinen Körper ab (sitzt ab)-
                 - Uke zieht sein Kinn nicht an und fällt auf den Hinterkopf.

Vorübung   Einzeln aus der aufrechten Stellung in die Wurfphase (3)
                 übergehen.

Unterscheidung verwandter Würfe siehe "Sumi Gaeshi" (Seite 86).

Persönliche Notizen:

Go Kyo no Kaisetsu

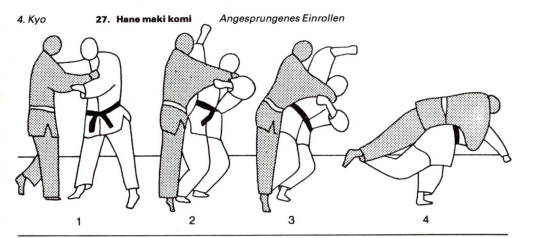

4. Kyo   **27. Hane maki komi**   *Angesprungenes Einrollen*

Klassierung	Yoko sutemi. Bietet Möglichkeit zum Uebergang in Ne Waza. Besonders für schwere Judoka geeignet.
Prinzip	**Tsukuri** Tori hat seinen rechten Arm vom Griff von Uke befreit. Uke befindet sich in Migi Shizentai (1). *Kuzushi* Tori stört das Gleichgewicht von Uke nach rechts vorne und insbesondere durch seinen horizontalen Zug am rechten Aermel von Uke. Tori dreht mit seiner rechten Körperseite und erhobenem rechtem Arm ein (2). *Kake* Durch Strecken des Knies seines linken Standbeines schnellt Tori mit Spreizen seines rechten Beines Uke in die Höhe und wirft durch gleichzeitige Rotation um die eigene Längsachse nach links (3). Uke wird durch die Drehbewegung mitgezogen (4). *Nage* Mit seinem rechten Unterarm den Sturz durch Abstützen auf dem Boden auffangend, landet Tori seitlich von Uke auf dem Boden.
Vorübung	Einroll-, Schnell- und Rotationsbewegung einzeln üben.
Hinweis	Hane maki komi kann als Hane Goshi aufgefasst werden, dessen Anspring- und Schnellbewegung (Hane) unter Einrollen (maki komi) mit Selbstfall-Wurf zur Seitenlage (Yoko sutemi) abgeschlossen wird.
Variante	Tori kann den rechten Arm von Uke unter seinen eigenen rechten Arm klemmen.

Unfall- verhütung	Tori muss seine Fallenergie mit seinem rechten Arm auffangen. Er darf nicht auf Uke fallen und dabei dessen Rippen quetsche ("Presswürfe" sind verboten!).
Hauptfehler	- Der linke Standfuss von Tori ist nicht genügend weit zwischen die Füsse von Uke gestellt. - Das Knie des Standbeines ist zu Beginn nicht genügend gebeugt - Tori verliert das Gleichgewicht und fällt auf Ukes Brustkorb.
Weiter- entwicklungen	Insbesondere Fortsetzung als Bodenkampf.

Persönliche Notizen:

Go Kyo no Kaisetsu

4. Kyo 28. Sukui Nage 1 Löffelnder Wurf

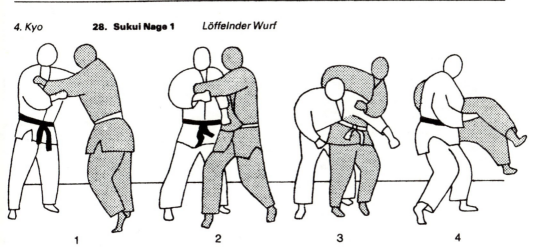

1 2 3 4

Klassierung	Handwurf.
Prinzip	**Tsukuri** - aus Initiative von Tori: Tori schiebt sich hinter Uke. - aus Initiative von Uke: Uke versucht mit dem rechten Bein voraus einzudrehen, zum Beispiel zu einem Hüftwurf (2) und wird durch Tori blockiert oder hat Rücklage. - Tori geht in Jigotai-Stellung. **Kuzushi** Tori umfasst den Körper von Uke mit der linken Hand von vorne (2) und fasst mit der rechten Hand den rechten Oberschenkel von Uke von hinten. Tori drückt Uke mit dem linken Arm zurück und stört dessen Gleichgewicht nach hinten (3). **Kake** Tori verstärkt den Druck des linken Armes nach hinten und hebt Uke durch Aufwärtszug des rechten Armes vom Boden. **Nage** Tori wirft Uke über seinen linken Oberschenkel (3) wie einen Sack an seiner Seite ab (4).
Hinweis	Tori soll sich beim Werfen nicht aufrichten.
Unfallverhütung	Es ist beim Wurf grösste Vorsicht anzuwenden, damit Uke nicht auf den Nacken oder auf den Hinterkopf fällt.
Weiterführungen	- Auf Initiative von Tori, der einen Wurf nach vorne, zum Beispiel einen Hüftwurf, anbringen will, lehnt sich Uke zurück und vereitelt dies. Tori schiebt sich nun als Kombination hinter Uke und verfährt wie oben beschrieben. - Tori lässt sich im Werfen selbst in Sutemi fallen und geht zu Ne Waza über.

Persönliche Notizen:

Go Kyo no Kaisetsu   93

4. Kyo   28. Sukui Nage 2 (Te Guruma)   Löffelnder Wurf (Hand-Rad)

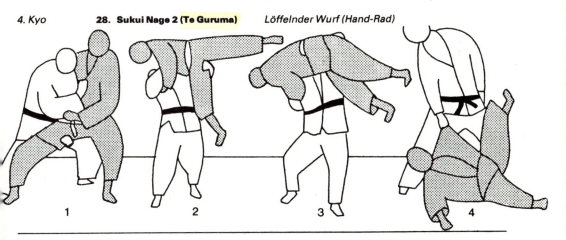

| Klassierung | Handwurf. Als Gegenwurf sehr beliebt. |

Prinzip

Tsukuri
Uke versucht einen Eingang oder Angriff, bei welchem er mit dem rechten Bein voraus eindrehen oder angreifen will, zum Beispiel Hane Goshi.
Tori weicht aus oder blockiert mit Hara und geht in Jigotai-Stellung. Tori fasst mit seinem linken Arm tief zwischen die Beine von Uke und lädt dabei dessen rechten Oberschenkel von hinten/unten in die Ellbogenbeuge (1).

Kake
Tori richtet seinen Körper auf und hebt Uke oder zumindest dessen Beine durch eigenen Körperkontakt und den Aufwärtszug des linken Armes hoch (2). Die Beine von Uke werden dann mit einer Drehung nach hinten geschwungen (3).

Nage
Durch Zug der rechten Hand nach unten wird Uke auf den Rücken gedreht und fällt vor Tori nieder (4).

Unfall-
verhütung   Tori muss den Fall von Uke durch den Griff seiner rechten Hand an dessen Judogi ständig kontrollieren.

Persönliche Notizen:

Go Kyo no Kaisetsu 95

4. Kyo   29. Utsuri Goshi   Versetzte Hüfte

Klassierung	Hüftwurf. Gegenwurf für kräftige Judoka.
Prinzip	**Tsukuri** Uke versucht einzudrehen, zum Beispiel zu einem Hüftwurf, und wird dabei - von Tori blockiert oder - hat Rücklage (1). **Kuzushi** Tori nimmt Körperkontakt, umfasst Uke mit dem linken Arm um die Hüfte, ohne jedoch den Griff der rechten Hand zu lösen. Durch Strecken der zuvor gebeugten Knie und mit Zurücklehnen seines Körpers hebt Tori Uke vom Boden (2). **Kake** Tori hebt Uke weiter auf. Durch Druck mit dem Bauch stösst er Uke nach vorne und lässt dessen Beine nach links pendeln (3). In diesem Moment des Schwebens von Uke nimmt Tori das linke Bein nach vorne, dreht nach rechts und schiebt seine linke Hüfte vor Uke (4). **Nage** Durch die vorhergehenden Bewegungen ist Uke in der Art eines links ausgeführten O Goshi aufgeladen und wird in der gleichen Weise geworfen (5).
Hinweise	- Das Hochheben von Uke muss aus Knien und Körper von Tori kommen. - Die Vor-, Rückwärts- (Pendel-) und Drehbewegung muss kontinuierlich ablaufen.
Vorübung	Aufheben eines Partners und wechselnder Hüftkontakt mit demselben.

Persönliche Notizen:

Go Kyo no Kaisetsu   97

4. Kyo **30. O Guruma** *Grosses Rad*

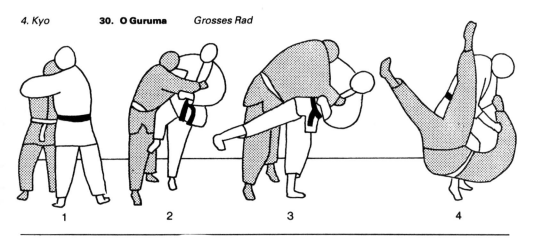

Klassierung   Beinwurf (Hüftwurf).

Prinzip   *Tsukuri*
- Uke setzt den vorkommenden linken Fuss auf dem Boden auf.
- Uke ist in Jigotai-Stellung vorgebeugt und will sich aufrichten.

Kuzushi
Tori stört das Gleichgewicht von Uke nach rechts vorne (1). Er nimmt mit einer Drehbewegung nach links seinen linken Fuss zurück und setzt ihn etwas vor und ausserhalb des linken Fusses von Uke ab. Unter Aufrechterhaltung des Zuges beider Arme nimmt Tori sein rechtes Bein vor Uke (2).

Kake
Tori schwingt nun sein rechtes Bein gestreckt aufwärts nach hinten und fegt damit die Oberschenkel von Uke (3). Tori stösst Uke mit seiner rechten und zieht mit der linken Hand zunächst horizontal und dann abwärts, verbunden mit einer gleichzeitigen Körperdrehung nach links.

Nage
Durch die Aktion des "grossen" Wurfes fällt Uke in hohem Bogen vor Tori nieder.

Vorübung   Allein mit Tai sabaki den linken Fuss zurücknehmen, dann anschliessend die Schwing- und Fegebewegung des rechten Beines synchron mit der Körperdrehung nach links ausführen.

Weiterentwicklung   Den Wurf üben, sowohl aus dem Vorwärtsschreiten von Uke wie aus der Drehbewegung.

Kombinationen und Gegenwürfe: Zahlreich, je nach Reaktion von Uke.

Persönliche Notizen:

Go Kyo no Kaisetsu 99

4. Kyo   **31. Soto maki komi**   **Äusseres Einrollen**

1   2   3   4

Klassierung   Yoko sutemi. Bietet Möglichkeit zur Fortsetzung nicht gelungener Wurfansätze und zum Uebergang in Ne Waza.

Prinzip
Tsukuri
Tori hat seinen rechten Arm vom Griff Ukes frei. Uke befindet sich in Shizen Hontai oder Migi Shizentai.

Kuzushi
Tori stört das Gleichgewicht von Uke nach rechts vorne und insbesondere durch den starken horizontalen Zug am rechten Aermel von Uke. Tori dreht mit seiner rechten Körperseite und erhobenem rechtem Arm ein. Mit seinem rechten Bein kann er zudem das rechte Bein von Uke blockieren (1).

Kake
Tori führt eine Drehbewegung um seine Körperlängsachse nach links aus (2). Uke wird durch die Rotation mitgezogen (3).

Nage
Tori stützt mit seinem rechten Arm den eigenen Körper ab und landet seitlich neben Uke auf dem Boden (4).

Vorübung   Einroll- und Rotationsbewegung allein ausführen.

Varianten
- Tori kann weniger oder mehr Hüftkontakt nehmen oder auch die rechte Hüfte ganz hinausschieben. In letzterem Falle ergäbe sich ein Koshi Guruma als "Einroll-Wurf" in Sutemi ausgeführt. Es ist möglich, auch andere Würfe durch einrollen zu beenden, zum Beispiel Tai otoshi, Ippon Seoi Nage, Uchi Mata und andere.
- Das Eindrehen zum Körperkontakt kann durch Drehen auf der linken Fuss-Spitze (indirekter Eingang) oder durch Drehen auf dem rechten Fuss erfolgen.

Hauptfehler	- Tori hat nicht genügend Körperkontakt mit Uke. - Tori fällt Uke auf dessen Brustkorb.
Unfall- verhütung	Tori muss seine Fallenergie durch Abstützen auf den rechten Arm auffangen und darf die Rippen von Uke nicht quetschen ("Presswürfe" sind verboten!).
Weiter- entwicklungen	Insbesondere Fortsetzungen als Bodenkampf.

Persönliche Notizen:

Go Kyo no Kaisetsu 101

4. Kyo   **32. Uki otoshi**   *Flatterndes Fallenlassen*

1   2   3

Klassierung   Handwurf. Bedarf guter Synchronisierung der Bewegungen und perfekter Gewichtsverlagerung.

Prinzip
Tsukuri
Uke bewegt sich gerade oder schräg nach rechts vorwärts und nimmt den rechten Fuss nach vorne.

Kuzushi
In dem Moment, da Uke sein Gewicht auf den rechten Fuss abstellt, stört Tori das Gleichgewicht von Uke durch Zug der Hände nach rechts vorwärts, unterstützt durch einen weiten Rückschritt mit dem linken Bein (1). Zur Verstärkung des Zuges kann Tori sogar sein linkes Knie auf dem Boden abstellen (Fussballen des linken Fusses auf dem Boden). Das Gewicht von Uke lastet daher voll auf dessen rechtem Fuss.

Kake
Tori dreht seinen Körper nach links, zieht mit seiner linken Hand auswärts, dann abwärts und stösst gleichzeitig mit der rechten Hand.

Nage
Uke fällt über seinen belasteten rechten Fuss und rollt nach rechts vorwärts in Mae Ukemi (2 + 3).

Hinweis   Die Vorwärtsbewegung von Uke und die Körperbewegungen von Tori müssen zeitlich genau aufeinander abgestimmt sein.

Hauptfehler   Tori verliert beim Werfen sein Gleichgewicht.

Persönliche Notizen:

第 五 教 **5. Kyo**

大 外 車	O soto Guruma
浮 技	Uki Waza
横 分	Yoko wakare
横 車	Yoko Guruma
後 腰	Ushiro Goshi
裏 投	Ura Nage
隅 落	Sumi otoshi
横 掛	Yoko gake

Go Kyo no Kaisetsu 105

5. Kyo   33. O soto Guruma   Grosses äusseres Rad

1   2   3   4   5

Klassierung   Beinwurf.

Prinzip   **Tsukuri**
- Uke hat sein rechtes Bein vorgestellt und/oder zieht Tori zurück (1).
- Tori hat erfolglos O soto gari versucht (2).

Kuzushi
Das Gleichgewicht von Uke wird durch Druck der rechten Hand oder des rechten Unterarms und Zug der linken Hand nach hinten gestört. Gleichzeitig bringt Tori die Rückseite seines rechten Oberschenkels in Kontakt mit der Rückseite von Ukes rechtem Oberschenkel und die Rückseite seines rechten Unterschenkels in die linke Kniekehle von Uke, so dass Toris rechtes Bein über der Rückseite beider Beine von Uke liegt (3).

Kake
Bei Verstärkung der Gleichgewichtsstörung durch Druck und Zug der Arme und mit zusätzlicher Körperdrehung nach links wirft Tori
- indem er Uke um sein rechtes Bein als Achse wie ein Rad rückwärts rollen lässt oder
- indem er die Beine von Uke noch zusätzlich wegfegt (4).

Nage
Durch den Impuls des "grossen" Wurfes wird Uke angehoben und fällt seitlich von Tori auf den Rücken.

Hinweise   Der linke Fuss von Tori steht etwa auf der Höhe des rechten Fusses von Uke. Wie bei O soto gari muss Tori Vorlage einnehmen (eventuell Brustkontakt).

Persönliche Notizen:

Go Kyo no Kaisetsu

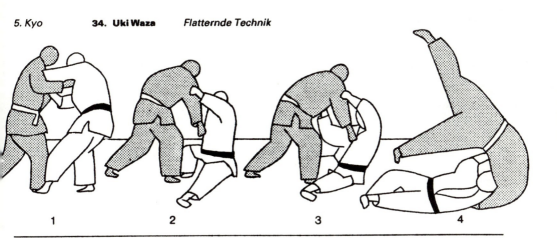

5. Kyo   **34. Uki Waza**   **Flatternde Technik**

Klassierung   Yoko sutemi.

Prinzip

Tsukuri
Uke wird veranlasst, sein rechtes Bein vorzunehmen, während Tori sein Gewicht auf seinen rechten Standfuss verlagert (1).

Kuzushi
Das Gleichgewicht von Uke wird nach rechts vorne gestört, so dass das ganze Körpergewicht von Uke auf dessen rechten, vorgestellten Fuss verlagert wird.

Kake
Tori lässt sein linkes Bein zur Seite gleiten. Dabei befindet sich die Kante des linken Fusses ständig in Kontakt mit dem Boden (2). Gleichzeitig geht er zur Seitenlage zu Boden. Durch das Körpergewicht von Tori und den Zug der Hände wird Uke vollends nach vorne aus dem Gleichgewicht gebracht (3).

Nage
Uke fällt in Maë Ukemi über die linke Schulter von Tori. Er liegt in der Endphase leicht abgewinkelt zu Tori.

Hauptfehler
- Tori hält sein linkes Bein nicht gestreckt.
- Tori sitzt zu früh und zu weit von Uke entfernt ab.
- Tori hebt beim Werfen den rechten Standfuss vom Boden, anstatt mit dessen Hilfe den Druck zu verstärken.

Vorübung   Einzeln aus der aufrechten Stellung in die Wurfstellung gehen.

Unterscheidung verwandter Würfe: Siehe "Sutemi mit aktivem Bein-/Fusskontakt" (Seite 86).

Persönliche Notizen:

Go Kyo no Kaisetsu

5. Kyo   **35. Yoko wakare**   *Seitliches Trennen*

Klassierung   Yoko sutemi. "Bequemer" Gegenwurf (Gefahr für Initiative!)

Prinzip
Tsukuri
- Aus der Initiative von Tori: Aus Migi Shizentai-Stellung schwenkt Tori sein linkes Bein nach links aus (1).
- Aus Initiative von Uke: Uke greift an und will nach vorwärts werfen, zum Beispiel Tai otoshi. Die Wurfbewegung von Uke unterstützend dreht sich Tori vor Uke.

Kuzishi
Das Gleichgewicht von Uke wird nach vorne gestört durch
- Zug der Hände nach vorne,
- das Körpergewicht des sich quer vor Uke niederwerfenden Tori (2).

Kake
Tori verstärkt den Zug der linken Hand nach unten und stösst gleichzeitig mit der rechten Hand nach oben (2).

Nage
Da die Füsse von Uke durch den vor ihnen liegenden Körper von Tori blockiert sind, muss Uke dem Zug der linken Hand und dem Druck der rechten Hand von Tori nachgeben und rollt in Maë Ukemi vorwärts über die linke Achsel von Tori (3). Er liegt quer zu Tori auf dem Rücken.

Persönliche Notizen:

5. Kyo   36. Yoko Guruma   Seitliches Rad

1   2   3   4

Klassierung   Yoko sutemi.

Prinzip

Tsukuri
Uke hat mit seiner rechten Seite voraus zu einem Wurfansatz eingedreht oder zu einem Schlag ausgeholt (wie in Nage no Kata) und steht zur Seite gedreht vor Tori (1). Tori stellt seinen linken Fuss nahe und etwas hinter den rechten Fuss von Uke und nimmt Körperkontakt.

Kuzushi
Tori beugt die Knie und umfasst Uke mit dem linken Arm. Die rechte Hand liegt flach auf dem Bauch von Uke (1, Ansicht auf die rechte Seite von Tori, während 2-4 Toris linke Seite zeigen). Zur Ausführung seines beabsichtigten Wurfes oder als Reaktion auf die Bewegung von Tori beugt Uke seinen Oberkörper vor. Um Werfen zu können, geht Tori tiefer und schiebt sein rechtes Bein dem Boden entlang weit zwischen die Füsse von Uke (2).

Kake
Tori geht zu Boden, indem er sich von rechts nach links um seine Körperachse dreht, Uke mit sich zieht und gleichzeitig mit der rechten Hand stösst, um den Wurf zu führen und zu kontrollieren (3).

Nage
Uke fällt in Maë Ukemi (4). Seine Fallrichtung ist zur ursprünglichen Bewegungsrichtung abgewinkelt, nämlich senkrecht zur Verbindungslinie gegeben durch die Spitzen seiner Füsse zu Beginn der Aktion.

Hauptfehler
- Tori hat nicht eng genug Kontakt mit Uke.
- Tori schiebt sein rechtes Bein nicht weit genug zwischen die Füsse von Uke.
- Tori kontrolliert den Wurf nicht genügend, indem er mit seiner rechten Hand zu wenig Unterstützung gibt.

Vorübung	- Tori: Eindrehbewegung mit dem rechten Bein und simulieren der Stoss-(Druck-)bewegung mit der rechten Hand. - Uke: Maë Ukemi über ein gespanntes Seil oder ein Hindernis.
Weiter- entwicklung	Yoko Guruma, anwendbar auf Uke in Jigotai-Stellung und als Gegenwurf.

Persönliche Notizen:

Go Kyo no Kaisetsu 113

5. Kyo **37. Ushiro Goshi** *Hintere Hüfte*

Klassierung	Hüftwurf. Einfacher und wirksamer Gegenwurf, jedoch Gefahr, insbesondere für Anfänger, die Initiative dem Partner zu überlassen (da Go no Sen).
Prinzip	**Tsukuri** Uke versucht einzudrehen, zum Beispiel zu einem Hüftwurf, und - wird von Tori blockiert, oder - hat zuviel Rücklage (1). **Kuzushi** Tori nimmt Körperkontakt, umfasst Uke mit dem linken Arm um die Taille, belässt jedoch den Griff der rechten Hand am Revers von Uke, beugt die Knie (2) und lehnt sich zurück. **Kake** Tori hebt Uke unter Mithilfe des Bauches und durch Vornehmen des linken Beines (eventuell mit Heben des linken Knie) vom Boden (3), um anschliessend unter Zurücknahme des linken Beines und einer Linksdrehung des ganzen Körpers zu werfen. **Nage** Uke fällt vor Tori auf den Rücken (4).
Hinweise	- Tori soll Uke so hoch als möglich aufheben und ihn dann unter Kontrolle und Dämpfung des Falles durch Zug beider Hände frei fallen lassen. - Tori muss seine Aktion sorgfältig mit den Bewegungen von Uke koordinieren.
Verteidigung	- Uke beugt den Oberkörper vor oder - hängt seinen Fuss in das Bein von Tori ein.
Vorübung	Tori hebt Uke an und stellt ihn ohne zu Werfen wieder auf die Füsse.

Persönliche Notizen:

Go Kyo no Kaisetsu   115

5. Kyo   38. **Ura Nage**   Rückwärts-Wurf

Klassierung   Ma sutemi.

Prinzip   *Tsukuri*
Uke hat, mit seiner rechten Körperseite voraus, zu einem
Wurfansatz eingedreht oder (wie in Nage no Kata) zu einem
Schlag von oben ausgeholt und steht seitlich etwas gedreht
zu Tori. Tori stellt seinen linken Fuss nahe und etwas hinter
den rechten Fuss von Uke und nimmt Körperkontakt.

Kuzushi
Tori beugt die Knie und umfasst die Taille von Uke mit dem
linken Arm. Die linke Hand liegt flach auf dem Rücken von Uke,
die rechte Hand von Tori flach auf dem Bauch von Uke und die
linke Wange von Tori an der rechten Brustseite von Uke. Tori
lehnt sich aus Hara und Knien zurück (1, Ansicht auf die
linke Seite von Uke, 2-4 auf die rechte Seite von Uke).

Kake
Tori biegt sich weiter zurück und hebt Uke durch die Umklam-
merung mit den Armen und aus dem Bauch heraus hoch (3).

Nage
Tori lässt sich auf den Rücken fallen und wirft Uke über
seine linke Schulter hinweg in gerader Richtung ebenfalls
auf den Rücken (4).

Hinweis   Der Wurf ist einer der härtesten in der Judo-Wurftechnik und
darf daher nur von Judoka ausgeführt werden, welche über eine
einwandfreie Technik verfügen.

Unfall-   Es ist sorgfältig darauf zu achten, dass keine Kopf- oder
verhütung Nackenverletzungen entstehen.

Hauptfehler	- Tori hat nicht eng genug Kontakt mit Uke. - Tori sitzt zu früh ab. - Tori kontrolliert den Wurf nicht genügend, indem er zu wenig Unterstützung durch den Druck seiner rechten Hand gibt. - Tori hebt die Füsse vom Boden ab.
Vorübung	- Tori: Aushebeaktion ohne zu werfen. - Uke: Fallübungen über ein hoch gespanntes Seil oder über ein Hindernis (z.B. kleiner Bock).
Weiterentwicklung	Fortgeschrittene praktizieren Ura Nage ==auch als Gegenwurf.==

Persönliche Notizen:

Go Kyo no Kaisetsu 117

5. Kyo 39. **Sumi otoshi** Eck-Fall

1   2   3   4

Klassierung   Handwurf. Bedarf guter Synchronisation der Bewegungen und perfekter Gewichtsverlagerung.

Prinzip   **Tsukuri**
- Uke nimmt seinen rechten Fuss zurück und/oder zieht Tori zurück (1).
- Tori macht mit seinem linken Bein einen weiten Ausfallschritt links vor.
(Tori kann auch einen Griffwechsel vornehmen: Die linke Hand fasst den rechten Arm von Uke von oben in der Mitte des Oberarms, die rechte Hand ergreift unter dem linken Arm durch den linken Aermel von Uke.)

Kuzushi
Gleichzeitig mit dem Ausfallschritt wird das Gleichgewicht von Uke nach rechts hinten gebrochen. Sein linkes Bein schwebt in der Luft (2).

Kake
Tori stösst mit der rechten Hand und zieht mit der linken Hand, so dass Uke nach hinten umkippt (3) und auf den Rücken fällt (4).

Hinweis   Die Rückwärtsbewegung von Uke und die Vorwärtsbewegung von Tori, zusammen mit der Armarbeit, müssen zeitlich genau synchron ablaufen.
Es ist auch möglich, Uka anstatt wie oben beschrieben mehr rechts seitwärts auf den Rück zu werfen ("verkehrter" Uki otoshi).

Unfallverhütung   Vorsicht, damit Uke nicht auf den Nacken fällt.

Vorübung   Tori führt die Schritt- und Armbewegungen allein aus.

Persönliche Notizen:

Go Kyo no Kaisetsu   119

5. Kyo   40. **Yoko gake**   *Seitliches Weghaken*

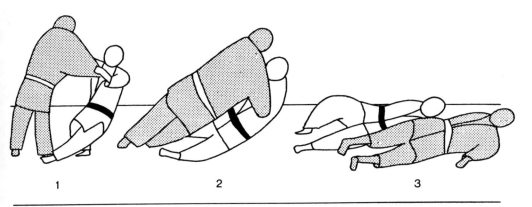

Klassierung   Yoko sutemi

Prinzip   *Tsukuri*
               Uke bewegt sich vorwärts und hat den rechten Fuss vorge-
               stellt.

               Kuzushi
               Das Gleichgewicht von Uke wird nach rechts vorne gestört, so
               dass das Körpergewicht von Uke auf der Spitze seines rechten
               Fusses ruht (1). Der Oberkörper von Uke wird gedreht, in dem
               Tori mit der rechten Hand stösst und mit der linken Hand ein-
               wärts zieht.

               Kake
               Mit der Sohle seines linken Fusses hakt Tori den rechten Fuss
               von Uke weg (2) und lässt sich gleichzeitig auf seine linke
               Seite fallen.

               Nage
               Durch den abwärtsgerichteten Zug an seinem linken Arm, ver-
               stärkt durch das Gewicht von Tori, fällt Uke links von Tori
               auf den Rücken (3).
               Die linke Hand von Tori behält den Griff am rechten Arm von
               Uke.

Hinweis   Die kleine Zehe des linken Fusses von Tori gleitet den Boden
               entlang.

Hauptfehler   - Tori blockiert nur den rechten Fuss von Uke.
               - Tori "kickt" an den rechten Fuss von Uke, anstatt ihn nach-
                 haltig wegzuhaken.
               - Tori dreht Uke wegen mangelnder Koordination der Handbewe-
                 gungen nicht genügend ab.

Persönliche Notizen:

Methodische Übersicht Nage Waza

Übersicht der Verwandtschaftsgruppen in Nage Waza

Zweck

In dieser methodischen Uebersicht werden die Würfe zunächst nach folgenden Hauptgruppen geordnet dargestellt:
- Ashi Waza
- Koshi Waza
- Te Waza
- Sutemi Waza.

Innerhalb dieser Hauptgruppen sind solche Würfe unmittelbar nacheinander aufgeführt und beschrieben, welche verwandte Merkmale aufweisen (zum Beispiel ähnliche Bezeichnungen oder ähnliche Stellungen). Aus der Kurzbeschreibung lassen sich dann leicht die charakteristischen Merkmale jedes einzelnen Wurfs, aber auch die Unterschiede zu verwandten Würfen erkennen. Dies gibt folgende Möglichkeiten für die Lehrmethodik:

- Jeden einzelnen Wurf technisch sauber zu erlernen.
- Die Würfe sinngemäss voneinander zu unterscheiden (Vergleichsmethode).
- Wurfreihen aufzubauen (Aufbaumethode).
- Klassische und neue Wurfmöglichkeiten durch Abwandeln zu erarbeiten (Weiterführungsmethode).
- Die Wurftechniken zu intensivieren durch Uebergang auf wirkungsvollere Würfe (Intensivierung).
  Diese Methode bildet dann den Uebergang zu den eigentlichen Wurfkombinationen.

Erklärung der Zeichen und Abkürzungen

▲▶	Füsse von Uke	→	Kraftrichtung	┌─○	Beinrichtung von Tori
▽▷	Füsse von Tori	←	Fallrichtung		

Frontal	Die Vorderseite von Tori ist der Vorderseite von Uke zugewandt	▲▶ ▽▷
Dorsal	Die Rückseite von Tori ist der Rückseite von Uke zugewandt.	▽▷ ▲▶
Eingedreht	Die Rückseite von Tori ist der Vorderseite von Uke zugewandt.	▲▶ ▽▷
Gegengedreht	Die Vorderseite von Tori ist der Rückseite von Uke zugewandt (bei Gegenwürfen).	▽▷ ▲▶
$\frac{\text{rechts}}{\text{links}}$	Tori befindet sich $\frac{\text{rechts}}{\text{links}}$ von Uke.	
$\frac{\text{rechts}}{\text{links}}$ zugewandt	Die $\frac{\text{rechte}}{\text{linke}}$ Seite von Tori ist Uke zugewandt.	

Ashi Waza

Wurf	Nr.	Stellung von Tori	Wurfmerkmal / -Aktion
Okuri Ashi barai	13	Frontal	Der linke Fuss von Tori wischt den rechten Fuss von Uke, welchen Uke an den linken Fuss anzieht, weg
De Ashi barai	1	Frontal bis links zu zugewandt	Der linke Fuss von Tori wischt den rechten vorkommenden Fuss von Uke, welcher das Gewicht übernehmen will, von aussen weg
Ko soto gari	9		Der linke Fuss von Tori fegt den rechten, mit ungefähr dem halben Gewicht auf der Ferse belasteten Fuss von Uke von aussen weg
Ko soto gake	17		Der linke Fuss (oder das linke Bein) von Tori hakt den rechten, mit praktisch dem ganzen Gewicht auf der Ferse belasteten Fuss von Uke von aussen weg
Yoko gake	40	---	Unterschied siehe "Sutemi Waza"
O soto gari	5	Rechts	Der rechte Fuss (oder das rechte Bein) von Tori fegt den rechten Fuss (oder das rechte Bein) von Uke, welcher (welches) belastet ist, von aussen/hinten weg
O uchi gari	7	Frontal bis rechts zugewandt	Der rechte Fuss (oder das rechte Bein) von Tori fegt den linken Fuss (oder das linke Bein) von Uke, welcher (welches) belastet ist, von innen/hinten weg
Ko uchi gari	10		Der rechte Fuss (oder das rechte Bein) von Tori fegt den rechten Fuss (oder das rechte Bein) von Uke, welcher (welches) belastet ist, von innen/hinten weg
Sasae tsuri komi Ashi	3	---	Unterschied siehe dort
Hiza Guruma	2	Frontal und links	Die linke Fussohle von Tori blockiert das rechte Knie von Uke (Kein Fegen)
Ashi Guruma	20	Eingedreht und links	Die Rückseite des rechten Unterschenkels von Tori blockiert das rechte Knie von Uke (Kein Fegen)
O soto Guruma	33	Dorsal und rechts	Die Rückseite des rechten Beines von Tori blockiert oder fegt die Rückseite beider Beine von Uke
O Guruma	30	Eingedreht und links	Die Rückseite des rechten Beines von Tori fegt Oberschenkel oder Unterleib von Uke. Kein eigentlicher Hüftkontakt
Harai Goshi	15	---	Unterschied siehe "Koshi Waza"

Methodische Übersicht Nage Waza

Wurf	Nr.	Stellung von Tori	Wurfmerkmal / -Aktion	
Uchi Mata (als Ashi Waza)	16	Eingedreht	Die Rückseite des rechten Oberschenkels von Tori fegt den linken inneren Oberschenkel von Uke. Tori dreht den Oberkörper um dessen Achse nach links	
Uchi Mata (als Koshi Waza)	16	---	Unterschied siehe "Koshi Waza"	
Hane Goshi	21		Unterschied siehe "Koshi Waza"	
Sasaë tsuri komi Ashi	3	Frontal und links	Die linke Fuss-Sohle von Tori blockiert den rechten Rist von Uke. Dazu Anheben von Uke (Kein Fegen)	
Hiza Guruma	20	---	Unterschied siehe dort	
Harai tsuri komi Ashi	22	Frontal	Die linke Fussohle von Tori fegt den rechten Rist (Bein) von Uke nach hinten	

Koshi Waza

Wurf	Nr.	Stellung von Tori		Wurfmerkmal / -Aktion	
Uki Goshi	4	Mindestens teilweise eingedreht		Tori nimmt mindestens mit seiner rechten Hüfte Kontakt mit Uke, umfasst dessen Taille und wirft durch Drehung um seine eigene Körperachse (kein Anheben von Uke)	
O Goshi	6	Eingedreht		Tori nimmt Hüftkontakt mit Uke, umfasst dessen Taille und wirft Uke mit Anheben durch Strecken der Knie	
O tsuri Goshi	18	Eingedreht	Keine Fege-Aktion des Beines	Tori nimmt Hüftkontakt mit Uke und erfasst den Gürtel von Uke auf dessen Rücken	über: dem linken Arm von Uke und wirft durch Anheben und Strecken der Knie
Ko tsuri Goshi					unter
Tsuri komi Goshi	12	Eingedreht		Tori nimmt mit Anheben Hüftkontakt mit Uke und wirft durch Ausheben, indem er die Knie streckt	ohne Griffwechsel der rechten Hand
Sode tsuri komi Goshi					mit Griffwechsel der rechten Hand an den linken Aermel von Uke
Koshi Guruma	11	Weit eingedreht		Tori nimmt weit eingedreht Hüftkontakt mit Uke und umfasst dessen Nacken mit dem rechten Arm und wirft durch Biegen und Drehen des Oberkörpers, ohne die Knie zu strecken	
Ushiro Goshi	37	Gegengedreht		Tori umfasst den eingedrehten Uke von hinten, hebt ihn hoch und wirft ihn auf den Rücken	
Utsuri Goshi	29	Gegengedreht und/oder links zugewandt		Tori umfasst den eingedrehten Uke von hinten. Nachdem er den Hüftkontakt gewechselt hat, wirft er ihn mit Hidari O Goshi	
Sukui Nage 2 (Te Guruma)	28	---		Unterschied siehe "Te Waza"	
Harai Goshi	15	Eingedreht	Mit fegen des Beines	Tori nimmt Hüftkontakt mit Uke und fegt mit seinem rechten Bein das rechte Bein und die rechte Hüfte von Uke von aussen	
O Guruma	30	---		Unterschied siehe "Ashi Waza"	
Hane Goshi	21	Eingedreht		Tori nimmt Hüftkontakt mit Uke und schnellt mit seinem rechten Bein das rechte Bein von Uke von innen auf	
Uchi Mata (als Ashi Waza)	16	---		Unterschied siehe "Ashi Waza"	
Uchi Mata (als Koshi Waza)	16	Eingedreht		Die Aussenseite des rechten Oberschenkels von Tori fegt den rechten inneren Oberschenkel von Uke von innen	

Methodische Übersicht Nage Waza   125

Te Waza

Wurf	Nr.	Stellung von Tori		Wurfmerkmal / -Aktion			
Tai otoshi	14	Eingedreht und links	Kein Rumpfkontakt	Tori setzt seinen rechten Fuss ausserhalb des rechten Fusses von Uke auf den Boden und wirft durch Druck und Zug der Hände			
Uki otoshi	32	Frontal		Tori wirft Uke im Kreis über dessen rechten Fuss durch Drehmoment der Hände zur Seite			
Sumi otoshi	39	Frontal rechts		Tori wirft Uke durch Drehmoment der Hände nach rückwärts			
Tani otoshi	26			Unterschied siehe "Sutemi Waza"			
Ippon Seoi Nage	8	Eingedreht	Rückenkontakt	Tori nimmt Rückenkontakt und	lädt den rechten Arm von Uke auf seinen rechten Bizeps	und wirft Uke durch Anheben mit Kniestrecken	
Morote Seoi Nage					hält das rechte Revers von Uke		
Eri Seoi Nage					ergreift das linke Revers von Uke		
Sukui Nage 1	28	Gegengedreht (teilweise)	Körperkontakt	Tori umfasst mit seinem linken Arm die Brust von Uke, greift mit seiner rechten Hand ein Bein von Uke und wirft durch Druck und Zug des Armes und der Hand			
Sukui Nage 2 (Te Guruma)				Tori fasst mit seinem linken Arm unter den rechten Oberschenkel von Uke, schwingt ihn hoch und wirft durch Zug der rechten Hand nach abwärts			
Utsuri Goshi	29			Unterschied siehe "Koshi Waza"			
Kata Guruma	24	Rechts zugewandt		Tori greift mit seinem rechten Arm zwischen die Beine und um den rechten Oberschenkel von Uke, lädt ihn auf die Schultern und wirft mit Anziehen seines linken Fusses im Kreis			

Sutemi Waza

Wurf	Nr.	Stellung von Tori	Wurfmerkmal / -Aktion	Endlage von Tori
Tomoë Nage	23	Frontal	Tori stellt den linken Fuss zwischen die Füsse von Uke, setzt den rechten Fuss auf den Bauch von Uke und wirft ihn über seinen Kopf	Auf dem Rücken (ma)
Sumi Gaeshi	25	Frontal	Tori stellt den linken Fuss zwischen die Füsse von Uke, setzt den Rist des rechten Fusses in die linke Kniekehle von Uke um ihn anzuheben und wirft ihn über die linke Schulter	Auf dem Rücken (ma)
Ura Nage	38	Frontal	Tori setzt seine linke Hand auf den Rücken und die rechte Hand auf den Bauch von Uke, lehnt sich zurück und wirft ihn über die linke Schulter	Auf dem Rücken (ma)
Yoko Guruma	36	Frontal (bis rechts)	Analog Ura Nage, doch schiebt Tori sein rechtes Bein tief zwischen die Beine von Uke und dreht sich im Werfen um ca. 45° nach rechts	Auf der Seite des Körpers (yoko) links
Yoko wakare	35	Frontal	Tori wirft sich quer vor die Füsse von Uke und zieht ihn über sich	Auf der Seite des Körpers (yoko) links
Uki Waza	34	Frontal	Tori blockiert mit seinem linken Bein die Vorderseite des rechten Fusses von Uke, wirft sich auf seine linke Seite und zieht Uke über sich	Auf der Seite des Körpers (yoko) links
Yoko otoshi	19	Frontal	Tori blockiert mit seinem linken Bein die Aussenseite des rechten Fusses von Uke, wirft sich auf seine linke Seite und wirft Uke durch Drehmoment der Hände	Auf der Seite des Körpers (yoko) links
Uki otoshi	32	----	Unterschied siehe "Te Waza"	
Tani otoshi	26	Rechts	Tori blockiert mit seinem linken Bein die Rückseite beider Füsse von Uke, wirft sich auf seine linke Seite und zieht und stösst Uke rückwärts	
Sumi otoshi	39	----	Unterschied siehe "Te Waza"	
Yoko gake	40	Rechts und links zugewandt	Tori hakt mit der Sohle seines linken Fusses den rechten Fuss von Uke in Richtung der Zehen weg, zieht Uke rückwärts und fällt mit	
Ko soto gake	17	----	Unterschied siehe "Ashi Waza"	

Methodische Übersicht Nage Waza

Wurf	Nr.	Stellung von Tori	Wurfmerkmal / -Aktion	Endlage von Tori	
Soto maki komi	31	Rechts zugewandt bis eingedreht	Nach dem Kontaktnehmen rotiert Tori unter Mitnahme von Uke nach links zum Fall	Auf der Seite des Körpers (yoko) rechts	
Hane maki komi	27	Eingedreht	Nach dem Eindrehen schnellt Tori mit seinem rechten Bein das rechte Bein von Uke auf und rotiert unter Mitnahme von Uke nach links zum Fall		
Hane Goshi	21	---	Unterschied siehe "Koshi Waza"		

Katame Waza

Katame Waza

Allgemeine Angaben zu Katame Waza   *(Kontrolltechnik)*

Die Kontrolltechniken können in aufrechter Stellung und in Bodenlage angewendet werden. Im letzteren Falle wird die Gesamtheit dieser Techniken auch mit "Ne Waza" bezeichnet.
Wirksame Techniken können unabhängig davon, ob Tori
- Bauchlage
- Rückenlage
- Vierfüssler-Stellung (Shiho)

innehat und ob er sich in bezug auf Uke
- unterhalb (unter Uke liegend)
- oberhalb (auf Uke liegend)
- an dessen Kopfseite (kami)
- seitlich an dessen Körper (yoko)
- längsseitig zu ihm (tate)

befindet, angewendet werden.
Zu bevorzugende Körperhaltungen sind die folgenden:
- Von Tori: Wenn er oberhalb (auf) Uke ist und angreift, sich möglichst grossflächig zu machen und sich auf Uke und den Boden abzustützen.
- Von Uke: Wenn er unter Tori auf dem Boden Rückenlage einnimmt und abwehrt, sich möglichst zusammenzukauern (kleinflächig zu machen) und mit Beinen und Armen zu verteidigen.

Uke befindet sich für seine Verteidigung in ungünstiger Lage, wenn er Tori seinen Rücken zuwendet. Umgekehrt ist diese relative Lage zu Uke für den Angriff von Tori günstig und daher auszunützen.
Ist Tori in Rückenlage auf dem Boden und Uke über ihm, so ist es für Tori zweckmässig, wenn er sich sowohl zu seiner Verteidigung wie zur Erhöhung der Wirksamkeit angesetzter Aufgabetechniken in seiner Kopfrichtung nach rückwärts (aufwärts) bewegt. Zur Unterstützung kann er dabei Uke an dessen Beinen, Schenkelbeuge oder Abdomen mit einem oder beiden angesetzten Füssen abwärts stossen.
Aus dem Vorstehenden folgt, dass auch Ne Waza ein Bewegungsspiel ist und als solches geübt werden muss (Boden-Randori). Bein Angriff soll Tori engen Körperkontakt suchen und Uke meist von oben fixieren, während Uke bei der Verteidigung der Belastung durch Tori seitlich oder nach seiner Kopfseite (oben) ausweicht.
Sinngemäss übertragen gelten für Katame Waza dieselben Grundsätze wie für Nage Waza. Einige seien speziell aufgeführt:

■ Gelegenheit (Tsukuri)

Ein nicht als Ippon bewerteter Wurf ist Gelegenheit und Vorbereitung, sofort anschliessend Ne Waza anzubringen.
Die Fixierung von Uke (mindest teilweise Osae komi) ist nötig und Vorbereitung, um eine Aufgabetechnik erfolgreich anzuwenden.

■ Gleichgewicht (Kuzushi)

Mit Händen und Füssen sind das Gleichgewicht und die angriffsgünstige Stellung und Lage von Uke zu stören. (Beispiel: Tori auf dem Rücken in Bodenlage umfasst eine Ferse des angreifenden, noch halb aufrecht stehenden Uke mit der Hand und bringt ihn mit gleichzeitigem Fussdruck in die Leistengegend zu Fall.)

■ Aktion (Kake)

Bei aller Sorgfalt zu Uke müssen Aufgabetechniken so gut vorbereitet und wirksam angesetzt sein, dass Uke seine Niederlage sogleich anerkennt. Bei Eintritt der Wirkung ("Abklopfen" von Uke sowie hör- oder sichtbare Merkmale) muss Tori daher die Aktion sofort abbrechen.

Bei Katame Waza bestehen so viele Vorbereitungsarten und so viele Gelegenheiten zum Anbringen einer Technik sowie zum Stören des Gleichgewichtes, dass bei den nachfolgenden Beschreibungen meist nur vom Endzustand einer Technik-Vorbereitung ausgegangen wird. Die dazu verwendete Bezeichnung "Stellung" darf nicht zur Annahme verleiten, es handle sich um statische "Positionen", vielmehr ist die Stellung bereits Resultat einer entsprechenden Vorbereitung. Sogar eine der beschriebenen, aber nicht ganz erfolgreich ausgeführten Techniken kann und soll Ausgang für die Fortführung mit einer anderen Technik sein (siehe Seite 181 bis 188).
Bei der Beschreibung von Techniken einer Gruppe ist die zuerst beschriebene als Normalausführung (Hon) und die weiteren als Varianten (Kuzure) aufzufassen.
Bei der Beschreibung wird meist die rechte Hand von Tori als aktiv und bei seitlicher Stellung Tori rechts von Uke angenommen. Die Techniken sollen jedoch auch gegengleich, unter Vertauschung von rechts und links, ausgeführt werden.

Spezielle Hinweise zu Osaë Waza *(Haltetechnik)*

Osae Waza ist die Grundlage des Ne Waza. Die Beherrschung von Osae Waza bildet daher die Voraussetzung für das Studium und die Anwendung der Aufgabetechniken.
Osae Waza wirkt in hohem Masse körperbildend: Schulung des Körper- und Bewegungsgefühls, Kraftsteigerung.
Osae Waza ist daher von Anfängern und besonders Jugendlichen sorgfältig zu üben, aber auch von Fortgeschrittenen stetig anzuwenden.

Klassifikation der Gruppen durch
- relative Lage von Tori und Uke sowie die Stellung von Tori:
               Kesa   Schärpenlage
               Shiho   Vierpunkt-Stellung
                kami   oben
                yoko   seitlich
                tate   längs

- den angegriffenen Körperteil:
               Kata   Schulter

Spezielle Hinweise zu Shime Waza *(Würgetechnik)*

Die Anwendung von Shime Waza ist nicht schmerzerzeugend, sondern lebensbedrohend. Shime Waza darf daher nicht angewendet werden
 von und an Jugendlichen unter 14 Jahren,
 von und an Anfängern unter 3. Kyu (grüner Gürtel).

Shime Waza wirkt entweder
- auf die Luftversorgung des Körpers (verhältnismässig langsam eintretende Wirkung, Röcheln)
- auf die Blutversorgung insbesondere des Gehirns (rasch eintretende Wirkung, schmerzlos, jedoch Gehirnschädigung möglich);
- auf die Nerven am Hals (sehr rasch eintretende Wirkung);
- es kann auch eine kombinierte Wirkung eintreten.

Shime Waza wird vornehmlich mit Hilfe der Kanten der Hände und/oder Unterarme ausgeführt (Wichtige Ausnahme: Gyaku juji jime). Bei Griff am Revers soll im allgemeinen mit den Händen möglichst tief gegen den Nacken in dasselbe gefasst werden. Es ist jedoch grösste Sorgfalt zu üben. So ist das Pressen auf oder an den Hals (speziell Kehlkopf) mit blossen Handknöcheln untersagt.

Klassifikation der Gruppen durch

- Stellung der Hände:

juji	gekreuzt
kata	halb
gyaku	verkehrt
nami	normal
kataha	einseitig

- Bewegung der Hände:

okuri	gleitend

- Anzahl der wirkenden Hände

kata Te	einhändig
morote	beidhändig

- wirkenden Gegenstand:

Ashi	Bein
hadaka	nackt (ohne Ergreifen der Revers)

- Stellung der Beine:

sankaku	dreieckförmig

Spezielle Hinweise zu Kansetsu Waza   *(Gelenktechnik)*

Die Anwendung von Kansetsu Waza ist schmerzerzeugend. Sie ist beschränkt auf das Ellbogengelenk. Da sie wie Shime Waza anatomische Kenntnisse voraussetzt, ist auch ihre Anwendung Anfängern unter 3. Kyu (grüner Gürtel) nicht gestattet.

Kansetsu Waza wirkt durch

- überstrecken
- überbeugen
- verdrehen

des Ellbogengelenks, beziehungsweise des Armes.

Gemäss dem Prinzip des Ju werden

- gestreckte Arme mehr gestreckt,
- gebeugte Arme stärker gebeugt oder verdreht.

Klassische Gelegenheiten zum Ausführen von Kansetsu Waza bieten sich, wenn Uke versucht, aus dem Haltegriff zu entkommen.

Klassifizierung der Gruppen durch

- Art der Einwirkung:

garami	verdrehen (einrollen)
katame	kontrollieren
Kannuki	Riegel

- relative Lage von Uke und Tori:

juji	kreuzförmig

- ausführenden Körperteil:

Ude	Arm
Hiza	Knie
Waki	Achselhöhle
Hara	Bauch

Osaë Waza

Kesa Gatame *Schärpen-Kontrolle*

Stellung:
Tori, halb sitzend, liegt mit seinem Körper schief wie eine Schärpe über Uke, der sich in Rückenlage befindet. Tori hat sein Kinn an die Brust gezogen.

Aktion:
Tori belastet mit der Seite seines Thorax Brust und Seite von Uke. Die Füsse von Tori sind vom Körper weggestreckt, die Beine etwas gespreizt und beide Knie flach am Boden.

Hinweise:
- Schwerpunkt von Tori möglichst tief.
- Körper von Tori locker, beweglich, nicht verkrampft.

Hon Gesa Gatame *Reguläre Schärpen-Kontrolle*

Tori umfasst mit dem rechten Arm Kopf und Nacken von Uke und klemmt mit seinem linken Arm den rechten Arm von Uke ein (1).

Befreiungen:
Sie richten sich danach, ob der Haltegriff erst eingeleitet wird oder schon ganz angesetzt ist, sowie nach den Fehlern und Schwächen von Tori.
- Uke dreht nach rechts.
- Uke versucht, ruckweise seinen rechten Arm aus dem Griff von Tori zu lösen.
- Uke stösst mit der linken Hand Tori von sich, um seinen Kopf zu befreien.
- Uke fasst den Gürtel von Tori auf dessen Rücken, schiebt Tori hoch, geht unter ihn und überdreht ihn nach links.
- Uke nimmt die Beine hoch, dreht oder kippt sie herunter und klappt Tori auf den Rücken.

Weiterentwicklungen:
Tori setzt einen Armhebel an.

Kuzure Gesa Gatame *(Varianten)*

Der rechte Arm von Tori ist an der Seite von Uke oder ausserhalb des linken Armes von Uke oder der rechte Unterarm stützt sich auf den Boden (2).

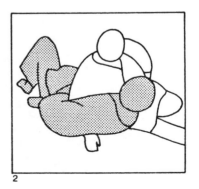

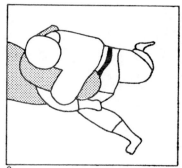

Makura Gesa Gatame   *Kissen-Schärpen-Kontrolle*

Der Kopf von Uke ruht auf dem Oberschenkel von Tori. Tori fasst mit seiner rechten Hand in seine rechte Kniekehle (der rechte Arm von Uke ist hinter dem Rücken von Tori frei((3).

Ushiro Gesa Gatame   *Hintere Schärpen-Kontrolle*

Tori presst seine linke Rumpfseite an Uke, klemmt mit seinem rechten Arm den rechten Arm von Uke ein (4).

Osaë Waza

Kata Gatame *Schulter-Kontrolle*

Stellung:
Tori befindet sich an der rechten Seite von
Uke mit dem Bauch nach unten. Uke liegt in
Rückenlage.

Aktion:
Tori drückt mit seiner rechten Halsgrube
(Nacken und rechte Kopfseite) den rechten Arm
von Uke nach oben.
Mit seinem rechten Arm umfasst Tori den Nakken von Uke. Tori schliesst die Flächen seiner beiden Hände zusammen (1). Das rechte
Knie von Tori steht auf dem Boden und kontrolliert die rechte Körperseite von Uke. Das linke Bein von Tori ist ausgestreckt (2 + 3).

Hinweise:
- Tori darf die Finger seiner Hände nicht ineinander verschränken.
- Wenn sich Uke gegen ein Schmerzgefühl im Nakken verteidigen will, schliesst er seine beiden Handflächen ebenfalls ineinander und
presst mit dem rechten Oberarm gegen den Kopf
von Tori.

Befreiungen:
- Drehen nach links.
- Drehen nach links mit zusammengeschlossenen
Handflächen und wirksam unterstützt durch
eine Klappbewegung der Beine Tori auf den Rücken bringen.

Kuzure Kata Gatame *(Varianten)*

Tori bleibt flach auf dem Bauch liegend
seitlich neben Uke ausgestreckt (4).

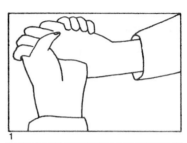
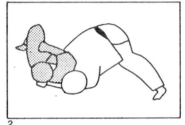
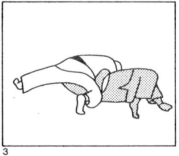
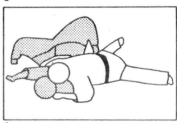

Shiho Gatame

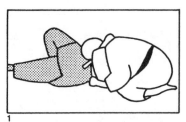

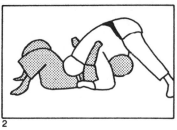

Stellungen:
Tori befindet sich auf Ellbogen und Knien in Bauchlage (1), Uke in Rückenlage auf dem Boden Je nach Griff-Fassen oder den Reaktionen von Uke legt Tori seine Beine ausgestreckt auf den Boden oder stützt sich mit erhobenem Gesäss auf einen oder beide Füsse ab (2).

Hinweis:
Satter Brustkontakt ist zu bewahren.

Kami Shiho Gatame   Obere Vier-Punkt-Kontrolle

Stellung:
Tori befindet sich in der Längsachse zu Uke an dessen Kopfseite.

Aktion:
Tori ergreift mit beiden Händen von aussen über die Oberarme von Uke dessen Gürtel an der Seite (1).

Befreiungen:
- Bevor der Griff gesichert ist, Tori zurückstossen.
- Uke zieht die Füsse an, stösst Tori zurück und dreht sich.
- Uke stemmt Tori hoch und bringt ein oder beide Knie zwischen sich und Tori.
- Uke geht in die Brücke und versucht sich im entstehenden Hohlraum zu drehen.

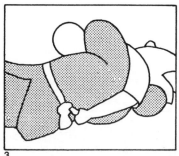

Kuzure kami Shiho Gatame   *(Varianten)*

Stellung:
Tori liegt etwas schräg zu Uke auf dem Bauch.

Aktion:
Tori ergreift unter der linken Schulter von Uke mit seiner linken Hand dessen Gürtel mit Daumen innen und seine
■ rechte Hand greift über den rechten Arm von Uke und unter Ukes Rücken dessen Gürtel
  - mit Fingern innen (ohne Kreuzen der Hände)
  - mit Daumen innen (mit Kreuzen der Hände)
  (3) oder sein
■ rechter Arm rollt den rechten Arm von Uke ein. Die rechte Hand von Tori fasst den Kragen von Uke mit den Fingern innen (4).

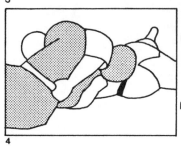

Osaë Waza 139

Yoko Shiho Gatame   *Seitliche Vier-Punkt-Kontrolle*

Stellung:
Die Körperachse von Tori ist senkrecht zur Körperachse von Uke.

Aktion:
Tori ergreift mit seiner rechten Hand den Gürtel von Uke unter dessen linkem Gesäss durch und mit seiner linken Hand unter dem Nacken von Uke durch dessen Kragen mit den Daumen innen. Tori blockiert mit seinem rechten Knie die rechte Hüfte von Uke (1).

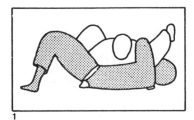

Befreiungen:
- Uke bringt ein oder beide Beine unter Tori und stösst sich von Tori ab.
- Uke hebt den linken Ellbogen von Tori mit beiden Händen und befreit seinen rechten Arm und Kopf.
- Uke stösst mit der linken Hand den Kopf von Tori nach unten, stösst weiter mit dem linken angewinkelten Bein und greift mit Armhebel an (2).

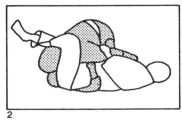

Kuzure yoko Shiho Gatame   *(Varianten)*

Stellung:
Wie oben.

Aktion:
Tori schiebt seinen linken Arm unter der linken Schulter von Uke durch und fasst den Gürtel von Uke mit der linken Hand (Handrücken auf dem Tatami). Tori fasst mit der rechten Hand
- die Hosen des linken Beines von Uke (3)
    - über dessen rechtem Bein;
    - unter dessen rechtem Bein durch;
- das linke Handgelenk von Uke unter dessen Körper durch.

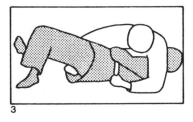

Mune Gatame *(Brust-Kontrolle)*

Tori hält mit beiden Armen die linke Schulter und den linken Arm von Uke (4).

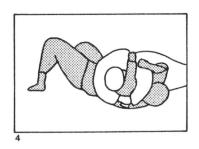

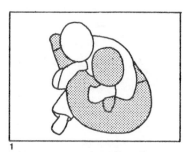

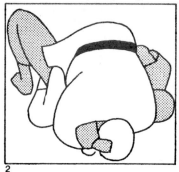

Tate Shiho Gatame   Längsweise Vier-Punkt-Kontrolle

Stellung:
Die Körperachsen von Tori und Uke liegen parallel.

Aktion:
Mit der linken Hand ergreift Tori unter dem Nacken von Uke dessen Kragen. Mit der rechten Hand greift Tori hinter dem linken Arm von Uke vorbei und fasst sein eigenes linkes Revers (1). Mit seinen Beinen fixiert Tori diejenigen von Uke durch Klammern, Einhängen etc. (2).

Hinweise:
Kopf tief halten (auf dem Boden).

Befreiungen:
- Uke stösst mit seiner rechten Hand das linke Knie von Tori abwärts und klemmt das linke Bein von Tori ein.
- Uke hebt mit seinem rechten Arm das linke Bein von Tori an und überdreht ihn.
- Uke geht in die Brücke und dreht sich.

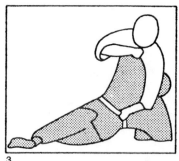

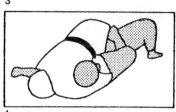

Kuzure tate Shiho Gatame   (Varianten)

Stellung:
Wie oben.

Aktion:
Mit der linken Hand ergreift Tori
- den Gürtel von Uke auf dessen Rücken (3),
- unter dem Nacken von Uke durch die linke Seite seines eigenen Gürtels (4).
Mit der rechten Hand greift Tori wie oben.

Befreiungen:
Aehnlich wie oben.

Weitere Varianten sind möglich.

Bemerkung:
Der besseren Anschaulichkeit wegen ist Uke in Figur 1 und 3 angehoben gezeichnet.

Juji jime *Kreuz-Würgen*

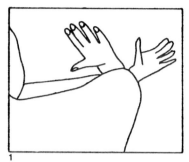

Für die Würgegriffe der "Juji"-Gruppe gilt:
- Sie werden stets mit gekreuzten Unterarmen von Tori ausgeführt.
- Sie sind sehr wirksam, da sich Uke ihnen nicht durch Drehen entziehen kann.
- Sie sind sehr wirksam, da sie die Blutzufuhr zum Gehirn sehr rasch unterbinden.

Kata juji jime *Kreuz-Würgen mit gegenübergestellten Händen*

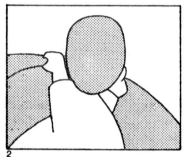

Prinzip:
Die erste Hand fasst das Revers von Uke mit den Fingern innen. Die zweite Hand fasst über die erste Hand das andere Revers von Uke mit dem Daumen innen (1).

Aktion:
Hände zusammenziehen und Ellbogen spreizen. Bei Lage über Uke senkt Tori seinen Kopf.

Stellungen:
- Uke in Rückenlage auf dem Boden, Tori in Bauchlage darüber, Uke zwischen seinen Beinen (2).
- Uke und Tori stehend einander zugewandt (2).
- Tori in Rückenlage auf dem Boden, Uke in Bauchlage über Tori und zwischen dessen Beinen. Tori fasst wie oben oder mit der ersten (linken) Hand unter dem gegenüberliegenden (rechten) Arm von Uke durch. Fortsetzung wie oben (3).
- Uke in Vierfüssler-Stellung, Tori kniend an seiner rechten Seite mit dem linken Knie auf dem Boden.
Tori fasst mit seiner linken Hand unter dem rechten Arm von Uke durch dessen linkes Revers mit den Fingern innen und mit der rechten Hand den Kragen am Nacken von Uke mit dem Daumen innen (4). Auf dem linken Fuss drehend bringt Tori sein rechtes Bein unter Uke.

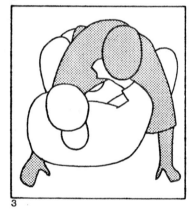

Befreiungen:
Siehe Gyaku juji jime.

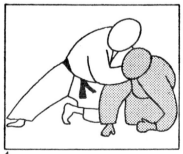

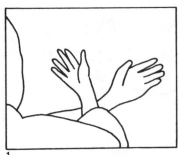

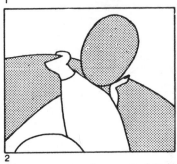

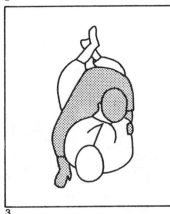

Gyaku juji jime   *Verkehrtes Kreuz-Würgen*

Prinzip:
Die erste Hand fasst das Revers von Uke mit den Fingern innen.
Die zweite Hand fasst über die erste Hand das andere Revers von Uke ebenfalls mit den Fingern innen (1).

Aktion:
Die in den Handgelenken gebeugten Hände werden mit den Handrücken in einer drehenden Bewegung seitlich an den Hals von Uke gepresst.

Stellungen:
- Uke in Rückenlage auf dem Boden, Tori in Bauchlage darüber, Uke zwischen seinen Beinen (2).
- Uke und Tori stehend einander zugewandt (2).
- Tori in Rückenlage auf dem Boden, Uke in Bauchlage über Tori und zwischen dessen Beinen (3).

Befreiungen:
Je nach den Umständen der Griffe und den Körperstellungen können die folgenden Abwehr- und Befreiungsmassnahmen ergriffen werden:

- Kinn auf die Brust drücken.
- Mit den eigenen Händen seine Revers ergreifen.
- Mit einer oder beiden Händen auf den oder die Ellbogen von Tori drücken.
- In Richtung des Kopfes auf Tori vorrücken.
- Uke bringt seine Arme zwischen diejenigen von Tori, schliesst seine Hände zusammen und dreht den Griff der beiden Hände von Tori auf (Drehrichtung beachten!).
- Tori durch Druck auf die Ellbogen zum Ueberrollen bringen.

Nami juji jime   Normales Kreuz-Würgen

Prinzip:
Die erste Hand fasst das Revers von Uke mit
dem Daumen innen.
Die zweite Hand fasst über die erste Hand das
andere Revers von Uke ebenfalls mit dem Daumen innen (1).

Aktion:
Hände zusammenziehen und Ellbogen spreizen.
Bei Lage über Uke senkt Tori seinen Kopf. Bei
Lage unter Uke zieht Tori Uke abwärts an sich.

Stellungen:
- Uke in Rückenlage auf dem Boden, Tori in
  Bauchlage darüber, Uke zwischen seinen Beinen (2).
- Uke und Tori stehend einander zugewandt (2).
- Tori in Rückenlage auf dem Boden, Uke in
  Bauchlage darüber (3).
- Uke hält den Kopf aufrecht (z.B. sitzend).
  Tori ist an der Seite oder hinter Uke, zum
  Beispiel auf dem linken Knie kniend.

Prinzip:
Tori strafft zunächst mit der rechten Hand
das linke Revers von Uke und fasst es mit der
(ersten) linken Hand mit dem Daumen innen.
Die zweite (rechte) Hand greift über die
erste und hinter den Nacken von Uke und fasst
dessen Judogi auf Schulterhöhe mit der Handfläche zum Judogi (nach unten) (4).
(Sode Guruma jime = Aermel-Rad-Würgen).

Aktion:
Wie oben.

Befreiungen:
Siehe Gyaku juji jime.

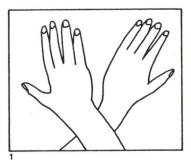

1

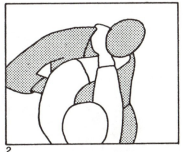

2

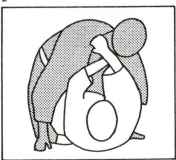

3

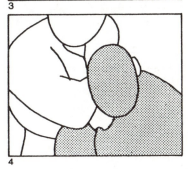

4

Hadaka jime *Nacktes Würgen*

Merkmal dieser Gruppe ist, dass das Würgen ohne (wesentliches) Fassen des Judogi erfolgt (nackt).

Wirkung:
Unterbinden der Luftzufuhr.

Prinzip:
Die Unterarme übernehmen die Rolle als Abstützpunkte für die Würgeaktion.

Aktion:
Druck der Unterarmknochen (meist der Daumenseite) auf die Vorderseite des Halses von Uke.

Stellungen:
■ Uke sitzt. Tori kniet hinter Uke mit dem linken Knie auf dem Boden. Tori setzt den rechten Unterarm an die Vorderseite des Halses von Uke, schliesst seine Handflächen ineinander und zieht Uke leicht nach hinten (1).
Variante im Fassen des Griffes: Tori setzt seine rechte Hand auf seinen linken Bizeps und seine linke Hand auf Ukes Hinterkopf.

■ Tori befindet sich in Rückenlage auf dem Boden und Uke ebenfalls in Rückenlage auf Tori (2).

Aktion:
Wie oben.

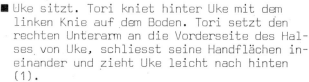

■ Uke befindet sich in Vierfüssler-Stellung und Tori kniet davor (3). Die Aktion wird dadurch unterstützt, dass Tori mit seiner Brust den Rücken von Uke kontrolliert.

■ Uke befindet sich in Rückenlage und Tori in Bauchlage darüber (z.B. Weiterführung aus Hon Gesa Gatame).

Aktion:
Tori hat den rechten Arm unter dem Nacken von Uke. Mit der rechten Hand ergreift er seinen eigenen linken Aermel beim Ellbogen. Seinen linken Arm legt er über die Vorderseite des Halses von Uke. Die linke Hand fasst das linke Revers von Uke oder seinen eigenen rechten Aermel (4).

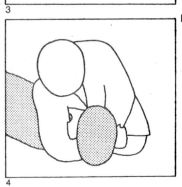

Shime Waza

- Tori in Rückenlage, Uke in Bauchlage darüber.
  Aktion wie oben.
- Tori in Rückenlage, Uke versucht Kami Shiho Gatame.
  Aktion wie oben.

Befreiungen:
- Kopf einziehen oder herausziehen.
- Ziehen am Ellbogen von Tori.

Unfallverhütung

Insbesondere bei den Würgegriffen dieser Gruppe ist darauf zu achten, dass keine Nackenhebel entstehen.

Okuri Eri jime *Gleitendes Kragen-Würgen*

Für die Würgegriffe dieser Gruppe gilt:
- Tori umschliesst den Oberkörper von Uke teilweise mit seinen Armen. Dabei geht ein Arm von Tori unter einem Arm von Uke durch.
- Das Umschliessen von Uke erfolgt von hinten oder von der Seite.
- Wegen des guten Umschliessens ist der Griff sehr wirksam.

Wirkung:
Auf die Blutversorgung des Gehirns und auf die Luftzufuhr.

Prinzip:
Der linke Arm von Tori geht unter dem linken Arm von Uke durch. Mit der linken Hand strafft Tori zunächst das linke Revers von Uke, um es dann mit der rechten Hand mit Daumen innen über die rechte Schulter von Uke zu ergreifen und mit einer gleitenden (okuri) Bewegung nach oben dem Revers entlang anzuziehen. Die linke Hand von Tori löst den ersten Griff und ergreift das rechte Revers von Uke ebenfalls mit Daumen innen.

Aktion:
Tori zieht mit der rechten Hand nach aussen/oben und mit der linken Hand nach unten und dreht etwas nach rechts.

Stellungen:
- Uke sitzt. Tori kniet auf dem linken Knie hinter Uke, das rechte Knie bleibt aufrecht (1).
- Tori liegt in Rückenlage auf dem Boden, Uke ebenfalls in Rückenlage darüber (ähnlich wie 1).
- Uke liegt in Bauchlage auf dem Boden, Tori ebenfalls in Bauchlage darüber (ähnlich wie 1).
- Uke in Vierfüssler-Stellung, Tori rechts von Uke mit dem linken Knie auf dem Boden, das rechte Knie aufrecht, kontrolliert das rechte Schulterblatt von Uke und dessen Seite durch Abwärtsdrücken mit seinem Körper (Hüftbelastung und linkes Bein vorne). Koshi jime = Hüft-Würgen (2).

Shime Waza

■ Uke steht aufrecht, aber vorgebeugt in Jigotai, Tori vor Uke. Tori bringt seine linke Hand unter der rechten Achselhöhle von Uke durch.
Prinzip und Aktion analog wie 1.

Befreiungen:
- Ellbogen von Tori nach unten ziehen.
- Kopf herausdrehen.

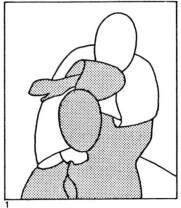

Kata ha jime *Einseitiges Würgen*

Für die Würgegriffe dieser Gruppe charakteristisch ist, dass nur eine Hand von Tori den Kragen von Uke ergreift, während die andere Hand oder der andere Unterarm einen zweiten Abstützpunkt, meist am Nacken von Uke, bildet.

Wirkung:
Vornehmlich auf die Luftzufuhr, jedoch auch auf die Blutversorgung des Gehirns.

Aktion:
Zug der greifenden Hand und Gegendruck der anderen Hand oder des anderen Unterarms.

Stellungen:
- Uke sitzt. Tori kniet auf dem linken Knie hinter Uke, das rechte Knie bleibt aufrecht. Der linke Arm von Tori geht unter der linken Achselhöhle von Uke hindurch. Mit der linken Hand strafft Tori zunächst das linke Revers von Uke und ergreift dann mit der rechten Hand über die rechte Schulter von Uke das gestraffte Revers. Die linke Hand von Tori löst den Griff hebt den linken Arm von Uke hoch und legt sich mit dem Handrücken an den Hinterkopf von Uke. Würgen durch Zug und Zurückweichen nach hinten (1).

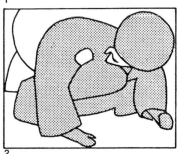

- Uke in Vierfüssler-Stellung, Tori vor Uke mit dem rechten Knie am Boden, linkes Knie oben. Tori umfasst mit dem rechten Arm den Kopf von Uke und ergreift dessen rechtes Revers mit den Fingern innen (2). Tori bringt seinen linken Arm unter der rechten Achselhöhle von Uke hindurch an den Hinterkopf von Uke und dreht ihn nach links auf den Rücken (3).

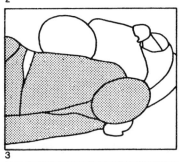

- Tori liegt in Rückenlage auf dem Boden, Uke in Bauchlage zwischen seinen Beinen. Tori ergreift mit der rechten Hand das rechte Revers von Uke mit den Fingern innen und zieht Uke zu seiner Rechten. Er hebt seinen rechten Ellbogen und schiebt seinen linken Arm über den Nacken von Uke unter seinen rechten Vorderarm. Würgen durch Zug unter Bewegung des Körpers von Tori nach links und Abwärtsstossen von Uke mit den Beinen (4).

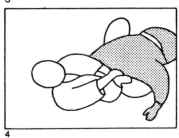

Kata Te jime *Einhändiges Würgen*

Bei den Griffen dieser Gruppe ist in erster Linie die Aktion einer Hand ausschlaggebend.

Wirkung:
Meist respiratorisch.

Aktion:
Innerhalb der Gruppe unterschiedlich und sehr vielfältig.

Stellungen
Uke liegt in Rückenlage auf dem Boden, Tori in Yoko Shiho Gatame-Stellung an seiner rechten Seite. Der rechte Arm von Tori gleitet am Boden entlang unter der rechten Achsel von Uke hindurch. Die rechte Hand ergreift den Kragen von Uke mit den Fingern innen. Die linke Hand von Tori hat mit Daumen innen (ähnlich Yoko Shiho Gatame) den Kragen von Uke ergriffen. Der linke Unterarm legt sich jedoch von vorn auf den Hals von Uke (1).

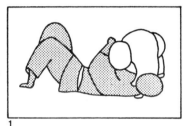

Aktion:
Würgen durch Druck und Zug von Armen und Händen.

Befreiungen:
Nach rechts drehen.

Uke liegt in Rückenlage auf dem Boden, Tori in Bauchlage darüber. Die rechte Hand von Tori zieht das linke Revers von Uke mit Daumen innen und die linke Hand ergreift das rechte Revers von Uke mit den Fingern innen (2).

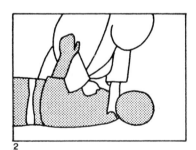

Aktion:
Tori zieht das rechte Revers von Uke mit der linken Hand gegen die Vorderseite des Halses von Uke (Finger jedoch nicht auf dessen Kehlkopf) und gegen den Boden.

Befreiungen:
Uke entreisst Tori sein rechtes Revers.

Uke in Vierfüssler-Stellung. Tori aufrecht an der rechten Seite von Uke. Tori ergreift mit der rechten Hand mit Daumen innen das linke Revers von Uke (3). Tori hakt sein rechtes Bein in den rechten Arm von Uke ein. Im Vorwärtsrollen bringt er seinen linken Arm in die linke Achselhöhle von Uke.

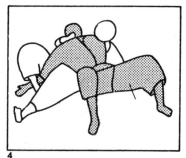

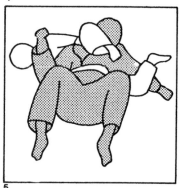

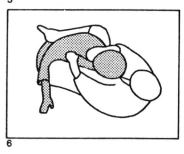

Zur Kontrolle des linken Armes von Uke ergreift Tori nach dem Rollen mit der linken Hand sein eigenes rechtes Revers mit Daumen innen (4, Ansicht von der Gegenseite).
Nach dem Rollen kann Tori auch die Kontrollpunkte wechseln: Statt mit dem rechten Bein kontrolliert er nun mit dem linken Bein den rechten Arm von Uke und mit der Kniekehle des rechten gebeugten Beines kontrolliert er noch den Kopf von Uke durch Wegdrücken. Dabei wird auch der Griff der würgenden Hand verändert, indem die rechte Hand das rechte Revers von Uke ergreift mit Daumen innen (5).

Aktion:
Ziehen mit dem rechten Arm und stossen mit dem rechten Bein.
(Jigoku jime = Höllen-Würgen)

■ Tori liegt in Rückenlage auf dem Boden, Uke ebenfalls in Rückenlage auf Tori. Tori strafft mit der linken Hand das linke Revers von Uke und ergreift es mit seiner rechten Hand mit Daumen innen. Mit der linken Hand und Daumen innen ergreift Tori dann das rechte Revers von Uke (6).

Aktion:
Rechts aufwärtsziehen, links abwärtsstossen.

Befreiungen:
Die Ellbogen von Tori wegstossen und den Kopf befreien, den Körper um die Längsachse drehen.

Morote jime (Ryo Te jime) *Beidhändiges Würgen*

Bei den Griffen dieser Gruppe fasst Tori mit beiden Händen, ohne seine Unterarme zu kreuzen die Revers von Uke (1).

Wirkung:
Hauptsächlich auf die Blutversorgung des Gehirns.

Stellungen:
Uke und Tori haben einander die Vorderseiten ihrer Körper zugewendet.
- Uke und Tori aufrecht, Uke etwas vorgebeugt.
- Uke in Rückenlage auf dem Boden, Tori in Bauchlage auf Uke.
- Tori in Rückenlage auf dem Boden, Uke in Bauchlage über Tori (2).

Aktion:
Tori greift beidseitig mit Daumen innen tief in die Revers von Uke, zieht, dreht die Daumenseite der Hände nach aussen und presst die Ellbogen zusammen.

Befreiungen:
- Uke befreit seinen Kopf, indem er ihn unter einem Unterarm von Tori durchzieht.
- Uke bringt einen Arm zwischen die Arme von Tori.

■ Tori liegt in Rückenlage auf dem Boden, Uke greift von der rechten Seite von Tori her an (3).

Aktion:
Wie oben.

Hinweis: Die Aktion kann durch Einhängen der linken Kniekehle an den Hals von Uke verstärkt werden.

Befreiungen:
Aehnlich wie oben.

■ Uke und Tori aufrecht, Front einander zugewendet.

Aktion:
Tori ergreift mit den Fingern innen das linke Revers von Uke so hoch als nur möglich, das rechte Revers von Uke mit Daumen innen. Tori kreuzt das rechte Bein vor dem linken, dreht sich nach links, bringt den rechten Ellbogen vor die rechte Brustseite von Uke, lässt sich auf den Rücken fallen und zieht Uke an sich.

Befreiung:
Uke behindert den rechten Ellbogen von Tori.

Ashi Gatame jime *Bein-Kontroll-Würgen*

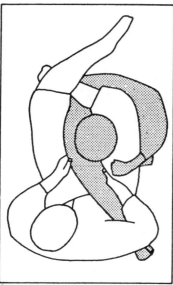

Bei den Griffen dieser Gruppe würgt Tori unter Zuhilfenahme der Beine. Dabei kann Tori
- beide Beine (oder ein Bein und einen Arm) verwenden zu einem dreieckförmigen Zusammenschluss (sankaku), wobei der Fuss des einen Beines in der Kniekehle des andern Beines liegt, oder
- nur ein Bein zu Hilfe nehmen.

Ashi Gatame jime in Sankaku-Stellung

Stellungen und Aktion:
■ Tori liegt in Rückenlage auf dem Boden, Uke in Bauchlage über ihm.

Aktion:
- Tori zieht Uke an sich und nach rechts mit Griff der rechten Hand am rechten Revers und durch Zug der linken Hand an dessen rechtem Aermel. Tori bringt den rechten Unterschenkel über die Schultern von Uke und verhakt seine Beine zum Sankaku Schlüssel. Tori zieht den rechten Arm von Uke mit beiden Händen an sich und klemmt mit den Beinen (1).
- Wie oben, jedoch behält Tori den Griff der rechten Hand mit den Fingern innen am rechten Revers von Uke bei und zieht seinen rechten Fuss mit der linken Hand an (2).

■ Yoko Sankaku (3).

■ Ushiro Sankaku (4).

Befreiungen:
Arm und/oder Kopf herausziehen.

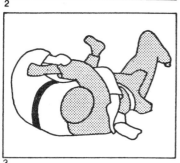

Ashi Gatame (andere Stellungen)

Stellungen und Aktion:
■ Tori führt Yoko shiho Gatame aus. Tori hebt seinen linken Ellbogen und setzt seinen linken Fuss über den Kopf von Uke auf den Boden (5). Würgen durch Zug der linken Hand.

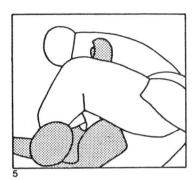

■ Uke in Vierfüssler-Stellung, Tori an seiner rechten Seite. Tori greift unter dem Hals von Uke hindurch mit der rechten Hand mit Daumen innen den linken Kragen von Uke, nachdem er seinen linken Fuss über den Kopf von Uke hinweg auf den Boden gestellt hat (6). Würgen durch Zug der rechten Hand.

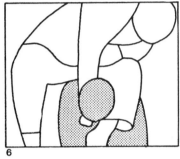

Befreiungen:
Fuss angreifen.

Kansetsu Waza

Ude garami *Arm einrollen*

Klassierung:
Drehhebel.

Diese Gruppe ist durch die folgenden Merkmale gekennzeichnet:
Tori fasst Uke mit einer Hand an einem Handgelenk. Er wird dadurch von seiner andern Hand unterstützt, dass diese das Gelenk der ersten ergreift. Beim Griff bilden die Unterarme von Tori und der angegriffene Unterarm von Uke ein offenes Viereck (1).
Bei der Aktion wird
- das schon gebeugte Ellbogengelenk noch mehr gebeugt,
- der Unterarm verdreht,
- der Ellbogen angehoben.

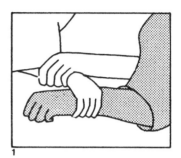

Stellungen:
- Uke in Rückenlage auf dem Boden, linker Unterarm nach oben gestreckt. Tori kniet rechts senkrecht zu Uke (2).

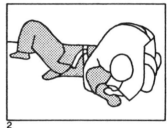

- Tori liegt in Rückenlage auf dem Boden, Uke in Bauchlage darüber.

Verteidigung:
Uke ergreift sein linkes Handgelenk und dreht nach rechts.

- Uke liegt in Rückenlage auf dem Boden, linker Unterarm nach unten gerichtet. Tori kniet rechts und senkrecht zu Uke (3).

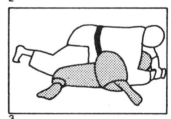

- Tori liegt in Rückenlage auf dem Boden, Uke in Bauchlage darüber.

Verteidigung:
Uke ergreift seinen Gürtel.

- Uke und Tori stehen aufrecht, Tori rechts von Uke. Tori ergreift das rechte Handgelenk von Uke mit seiner linken Hand. Mit seinem rechten Arm rollt er den rechten Arm von Uke ein und ergreift sein eigenes linkes Handgelenk (4).

Aktion:
Tori dreht seine Hände zum rechten Schulterblatt von Uke.

Verteidigung:
Herausdrehen.

- Uke liegt in Bauchlage am Boden. Sonst wie oben.

Gelegenheit:
Uke möchte im Bodenkampf mit dem Arm eine Technik ansetzen.

Kansetsu Waza

Ude hishigi juji Gatame   Armbiegen durch kreuzweise Kontrolle

Klassierung:
Streckhebel.
Diese Gruppe ist durch die folgenden Merkmale gekennzeichnet:
Die Körperachse von Tori liegt senkrecht zur Körperachse von Uke.
Der angegriffene Arm von Uke liegt zwischen den Beinen von Tori und wird mit den Beinen kontrolliert.

Aktion:
Der unter Zug stehende Arm von Uke wird weiter gestreckt mit Unterstützung durch die Hüfte von Tori.

Stellungen:
■ Uke liegt in Rückenlage auf dem Boden, Tori zu seiner rechten Seite. Wenn Uke eine Aktion mit seinem rechten Arm versucht, ergreift Tori diesen, zieht ihn an sich, gleitet mit seinem rechten Fuss unter die rechte Seite von Uke und bringt sein linkes Bein über Uke. Knie zusammengeschlossen (1).

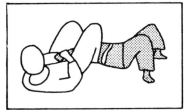

Aktion:
Tori biegt den rechten Arm von Uke in Richtung von dessen kleinem Finger und hebt seine Hüfte an.

Hinweis:
Das Gesäss von Tori muss so nah als möglich an der Seite von Uke sein.

Verteidigung:
Uke dreht nach rechts und sucht sein linkes Revers zu fassen.

■ Uke liegt in Rückenlage auf dem Boden, Tori längsseitig über Uke in der Hocke.

Aktion:
Tori dreht auf einem Fuss ein und ergreift den rechten Arm von Uke zur Stellung wie oben (2).

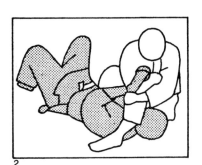

■ Uke liegt in Seitenlage auf dem Boden, Tori quer zu Uke in Hockstellung an seiner Bauchseite.

Aktion:
Tori ergreift den rechten Arm von Uke und rollt vorwärts (3).

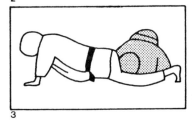

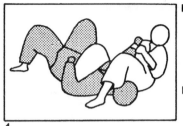

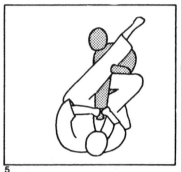

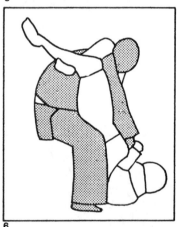

■ Uke in Vierfüssler-Stellung. Tori quer zu Uke in Hockstellung.

Aktion:
Tori ergreift den rechten Arm von Uke und rollt rückwärts (4).

■ Tori liegt in Rückenlage auf dem Boden. Uke halb aufrecht. Tori zieht den rechten Arm von Uke an, bringt sein linkes Bein an die Brustseite von Uke und stösst ihn mit dem rechten Fuss zurück (5).

Aktion:
Arm von Uke ziehen, Heben des Unterleibes.

■ *Variante:*
Tori geht in Sankaku-Stellung. Weiter wie oben (6).

Gelegenheit:
Die ersten vier Stellungen sind die Folge eines nicht mit Ippon bewerteten Wurfes. Die beiden letzten Stellungen ergeben sich, wenn Uke den am Boden liegenden Tori von oben angreifen will.

Ude hishigi Ude Gatame   Armbiegen durch Arm-Kontrolle

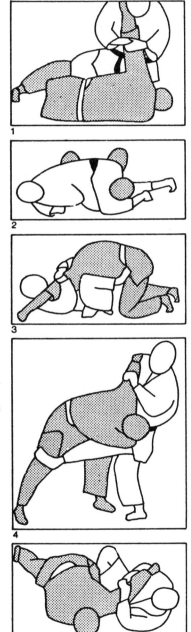

Klassierung:
Streckhebel.

Bei den Hebeln dieser Gruppe wird
- der Körper von Uke blockiert,
- der gestreckte Arm von Uke nach auswärts gezogen,
- der Ellbogen an seiner Aussenseite durch Druck der aufeinandergelegten Hände von Tori belastet.

Stellungen:
■ Uke liegt in Rückenlage auf dem Boden. Tori kniet zu seiner Rechten mit dem linken Knie auf dem Boden. Uke streckt den linken Arm aus, um anzugreifen. Tori nimmt die linke Hand von Uke an seine rechte Kopfseite/ Schulter, belastet mit seiner rechten und linken Hand den Ellbogen von Uke, lehnt etwas zurück und dreht nach links (1).

■ Aus Kuzure Yoko Shiho Gatame-Stellung presst Tori den linken Arm von Uke an sich, kontrolliert mit dem linken Bein den Kopf von Uke und geht zur Bauchlage über. Dabei presst er mit den Händen (oder Unterarmen) auf den linken Ellbogen von Uke (2).

■ Tori liegt in Rückenlage auf dem Boden, Uke in Bauchlage zwischen seinen Beinen. Uke will mit dem linken Arm angreifen. Tori zieht den Arm an sich, belastet den linken Ellbogen mit den Händen und stösst Uke in dessen linker Leistenbeuge nach abwärts (3).

■ Uke und Tori stehen aufrecht, Front einander zugewendet. Uke hat Tori ins rechte Revers mit der linken Hand hoch gefasst. Tori belastet den linken Ellbogen, stösst Uke am rechten Knie rückwärts und lehnt zurück (4).

■ Fortsetzung bis in die Bodenlage (5).

Befreiungen:
- Uke versucht seinen Arm zu drehen.
- Uke versucht seinen Arm herauszuziehen.

Ude hishigi Hiza (Ashi) Gatame   *Armbiegen durch Knie-(Bein-)Kontrolle*

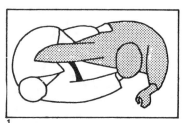

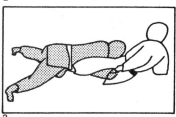

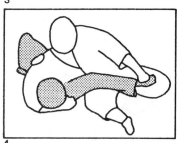

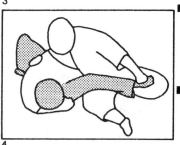

Klassierung:
Meist Streckhebel.

Entsprechend der Bezeichnung dieser Gruppe ist das Knie (oder ein anderer Teil des Beines) aktiv. Bei dem angewendeten Hebelprinzip dient das Knie entweder als Kraftquelle oder Dreh-(Unterstützungs-)-Punkt des Hebels bei der Aktion.

Hinweis:
Kleine Kämpfer mit guter Beinarbeit am Boden können sich gegenüber grösseren und kräftigeren Kämpfern durchsetzen.

Stellungen:
■ Tori liegt in Rückenlage auf dem Boden, Uke in Bauchlage über Tori oder auf dem Boden kniend. Tori bringt seinen rechten Fuss in die linke Leistenbeuge von Uke und fasst dessen angreifenden rechten Arm, den er unter seinen eigenen linken Arm klemmt oder festhält (1).

Aktion:
Tori stösst Uke nach unten und belastet den nach oben gedrehten rechten Ellbogen mit seinem linken Knie (Nachhilfe mit seinem rechten Bein!).

■ *Variante:*
Tori bringt noch seinen linken Fuss unter das Kinn von Uke (2).

Befreiungen:
Drehen oder Vorschieben des Armes.

■ Uke in Bauchlage, Tori in Rücklage rechts daneben. Uke will mit seinem rechten Arm den Gürtel von Tori angreifen.

Aktion:
Tori belastet den rechten Ellbogen von Uke mit der Kniekehle und stützt den Fuss des linken Beines unter dem Körper von Uke ab, während er die rechte Hand von Uke hochzieht.

■ Uke und Tori in Hon Gesa Gatame-Stellung.

Aktion:
Tori belastet den am Ellbogen unterlegten rechten Arm von Uke
- mit seiner linken Hand (4),
- mit seinem linken Bein (5) oder
- rollt sein rechtes abgewinkeltes Bein um den rechten abgewinkelten Arm von Uke.

Ude hishigi Waki Gatame — Armbiegen durch Kontrolle mit der Seite (Achselhöhle)

Klassierung:
Streckhebel.
Die Seite von Tori dient bei den Hebeln dieser Gruppe als abwärtsgerichtete Belastung, während die Hände von Tori den angegriffenen Arm nach aufwärts ziehen.

Stellungen:
Uke in Kuzure Gesa Gatame will sich nach rechts drehend befreien und stösst links.

Aktion:
Tori klemmt den linken Arm von Uke unter seine rechte Achselhöhle und belastet den Arm von Uke. Durch die Drehung befindet sich Uke in Bauchlage (1).

■ Uke in Kami shiho Gatame will sich nach rechts drehend befreien. Tori folgt der Bewegung des linken Armes von Uke, kreuzt das linke Bein unter dem rechten durch. Durch die Drehung liegt Uke in Bauchlage (2).

Aktion:
Wie oben.

■ Uke in Vierfüssler-Stellung, Tori an seiner rechten Seite. Tori hebt den rechten Arm von Uke auf, setzt entweder das linke Knie auf den Boden (Rücken zu den Füssen von Uke) und klemmt den rechten Arm von Uke unter seinen linken Arm (3) oder das rechte Knie auf den Boden (Brust zu den Füssen von Uke gewendet) und klemmt den rechten Arm von Uke unter seinen rechten Arm.

■ Tori und Uke aufrecht, einander zugewendet. Uke will mit der rechten Hand das linke Revers von Tori fassen. Tori fasst das rechte Handgelenk von Uke mit seinen Fingern von oben und unten, dreht nach rechts und klemmt den rechten Arm von Uke unter seinen linken Arm. Tori belastet das rechte Ellbogengelenk von Uke und bleibt aufrecht (4) oder sitzt ab (5).

Hinweis:
Das linke Bein von Tori blockiert das rechte Bein von Uke. Tori zieht zusätzlich den ausgestreckten rechten Arm in dessen Längsrichtung.

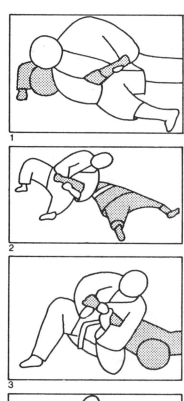

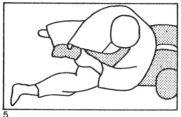

Ude hishigi Hara Gatame   *Armbiegen durch Bauch-Kontrolle*

Klassierung:
Streckhebel.

Der Bauch dient Tori bei den Hebeln dieser Gruppe zur Belastung des Ellbogens von Uke.

Stellungen:

■ Uke in Vierfüssler-Stellung, Tori an seiner rechten Seite. Tori hebt den rechten Arm von Uke auf, setzt
- das linke Knie auf den Boden (Rücken zu den Füssen von Uke gewandt), stützt die rechte Hand von Uke auf sein erhobenes rechtes Knie und belastet den rechten Arm von Uke mit seinem Bauch (1) oder
- das rechte Knie auf den Boden (Brust zu den Füssen von Uke gedreht), stützt die rechte Hand von Uke auf sein erhobenes linkes Knie und belastet den rechten Arm von Uke mit seinem Bauch.

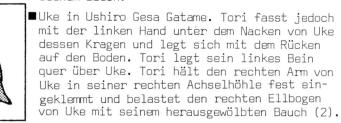

■ Uke in Ushiro Gesa Gatame. Tori fasst jedoch mit der linken Hand unter dem Nacken von Uke dessen Kragen und legt sich mit dem Rücken auf den Boden. Tori legt sein linkes Bein quer über Uke. Tori hält den rechten Arm von Uke in seiner rechten Achselhöhle fest eingeklemmt und belastet den rechten Ellbogen von Uke mit seinem herausgewölbten Bauch (2).

■ Tori und Uke aufrecht, einander zugewendet. Fortsetzung analog Abbildung 4 in Ude hishigi Waki Gatame.

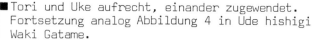
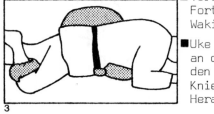

■ Uke in Vierfüssler-Stellung, Tori kreuzweise an der rechten Seite über Uke. Tori setzt den rechten Arm von Uke in seine rechte Kniekehle und bewirkt den Armhebel durch Herausdrücken des Bauches (3).

Kansetsu Waza

Kannuki Gatame *Riegel-Kontrolle*

Klassierung:
Streckhebel.

Bei den Hebeln dieser Gruppe legt sich der
Unterarm von Tori wie ein Riegel quer hinter
den angegriffenen Arm von Uke knapp oberhalb
des Ellbogens.
Diese Hebel sind im Bodenkampf bei genügender
Fixierung von Uke sehr wirksam, dienen aber
auch als Paraden der Selbstverteidigung und
können in aufrechter Stellung als Transport-
griffe verwendet werden.

Stellungen:
- Tori in Rückenlage auf dem Boden, Uke in
  Bauchlage darüber. Tori umfasst mit seinem
  rechten Arm den linken Arm von Uke auf der
  Höhe des Ellbogens. Seine linke Hand stützt
  er auf die linke Schulter von Uke ab und die
  rechte Hand auf seinen linken Unterarm (1).
  Tori umfasst beide Arme von Uke, schliesst
  die Hände zusammen und beugt sich rückwärts.

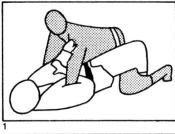

- Uke in Rückenlage auf dem Boden, Tori quer
  darüber. Tori legt seinen rechten Unterarm
  unter den linken Ellbogen von Uke. Seine linke Hand stützt er auf das linke Handgelenk
  von Uke ab und die rechte Hand auf seinen
  eigenen Unterarm (2).

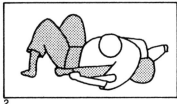

- Uke und Tori aufrecht, einander zugewendet.
  Uke greift mit seiner rechten Hand entweder
  das linke Revers von Tori an oder fasst den
  Gürtel von Tori mit Daumen innen. Tori umfasst mit seinem linken Arm den rechten Arm
  von Uke auf der Höhe des Ellbogens. Seine
  rechte Hand stützt er auf die rechte Schulter von Uke ab und die linke Hand auf seinen eigenen rechten Unterarm (3).

■Uke und Tori aufrecht, einander zugewendet. Uke versuchte mit der rechten Hand anzugreifen. Tori umfasst das rechte Handgelenk von Uke von der rechten Seite her (Daumen zu sich gewendet). Tori dreht seinen Körper nach rechts und den rechten Arm von Uke nach aussen. Tori umfasst mit seinem linken Arm den rechten Arm von Uke auf der Höhe des Ellbogens und stützt die linke Hand auf seinen eigenen rechten Unterarm ab (4).

Aktion:
Tori gibt Druck auf die Kontaktstelle und wölbt zur Unterstützung den Bauch heraus.

Taktik des Bewegungsspieles

Taktik des Bewegungsspieles

Regelgemäss beginnt der Kampf in aufrechter Stellung beider Kämpfer. Jeder Kämpfer ist bemüht, sich und den Partner in eine Stellung zu bringen, die für das Ansetzen einer Technik geeignet ist (Tsukuri). Anschliessend oder wenn der Partner sich selbst in die für das Ansetzen günstige Stellung gebracht hat, folgt das Gleichgewicht-Brechen (Kuzushi).

Regel: Eine einmal erarbeitete Gleichgewichtsstörung soll nicht aufgegeben werden, auch wenn ein ursprünglich beabsichtigter Wurf nicht (mehr) ausführbar erscheint (Abhilfe siehe später).

Regel: Beim Ausüben des Kake die vorher erzielte Gleichgewichtsstörung aufrecht erhalten (erkennbar am gestrafften Judogi).

Besondere Gelegenheiten für Tori zum Anbringen einer Technik sind zum Beispiel

- Mängel und Fehler in der Haltung von Uke, wie

    mangelndes Gleichgewicht
    mangelnde Aufmerksamkeit in der Beobachtung seines ganzen Körpers, beziehungsweise
    Konzentration der Aufmerksamkeit auf nur einen Körperteil.

- Einsatz-Vorhaben und -Beginn von Uke zum Anbringen einer Technik

- Verwirrtheit von Uke

- Erregung von Uke

- Phase der Ausatmung von Uke

- Atemvolumen von Tori gefüllt.

Verteidigung bei Tachi Waza

Das Bewegungsspiel enthält eine Fülle von Verteidigungsmassnahmen, von denen nur einige beispielhaft aufgeführt seien: :

Verteidigung in aufrechter Stellung

- Einhalten einer Distanz (Ma ai), die das Ansetzen einer Technik nicht erlaubt..
- Einem möglichen Angriff ausweichen durch Bewegen auf den Füssen (Tai sabaki) oder nur durch Hüftdrehung.
- Einnahme (nur vorübergehend) einer tieferen (Abwehr-) Stellung (Jigotai).
- Dem Angreifer den Griff entreissen (1).
- Mit den Händen Rücken und Hüfte des Angreifers blockieren (2).
- Mit angespanntem Unterleib (Hara) den Angreifer blockieren (2).
- Einhängen der Füsse (3) und Beine (4).
- Gegenwurf anbringen, zum Beispiel durch Rückstellen eines oder beider Füsse (5).
- Ellbogen beider Arme vor der Brust zusammenschliessen, um den Angreifer auf Distanz zu halten.

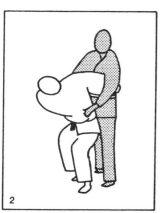

Taktik des Bewegungsspieles

Verteidigung bei Ne Waza   Verteidigung in Bodenlage

Uke befindet sich in Rückenlage

- Tori greift von der Beinseite von Uke her an:
    - Uke macht sich so klein als möglich (Kopf und Knie angezogen, Arme vor der Brust).
    - Uke schiebt sich auf dem Rücken nach rückwärts.
    - Uke nimmt Tori zwischen seine beiden Beine.
    - Uke setzt ein Bein zwischen die Beine von Tori und das andere Bein ausserhalb von Tori (1).
    - Uke setzt einen oder beide Füsse an die Schenkelbeuge von Tori.
    - Uke ergreift mit einer Hand ein Revers oder einen Aermel und mit der andern eine Ferse von Tori und zieht (2).
    - Uke wirft den auf ihn zukommenden Tori analog wie bei Tomoe Nage.
    - Uke dreht den nahe vor sich befindenden Tori zur Seite durch
        - Wegwischen der stützenden Hände und Füsse,
        - Fassen von Revers und Gürtel und Unterstützung durch die Beine (3).
- Tori greift von der Seite an:
    - Uke dreht seine Beine zu Tori und verteidigt sich wie oben.
    - Uke überzieht Tori durch Griff am Gürtel (4).

Uke befindet sich in Bauchlage (Vierfüssler-Stellung)

- Tori greift von oben (Kopfseite von Uke) an:
    - Uke stösst den Oberkörper von Tori mit seinen Schultern zurück und zieht die Beine von Tori an.

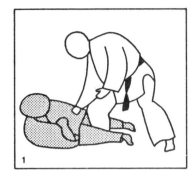

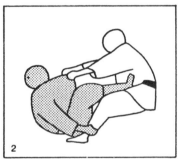

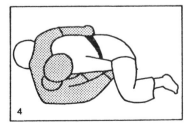

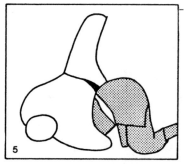
Tori greift von der rechten Seite von Uke an und will mit dem linken Arm über den Körper von Uke dessen linkes Revers ergreifen. Uke klemmt den linken Arm von Tori in seiner linken Achselhöhle ein. Uke geht auf seine linke Körperseite auf den Boden, dreht sich nach rechts und schliesst sofort eine weitere Aktion an (5).

Übergang Tachi Waza/Ne Waza

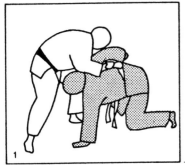

Ob Tori zum Bodenkampf (Ne Waza) übergehen will, liegt weitgehend in seinem Ermessen. Voraussetzung ist jedoch, dass er vorher durch eine Wurftechnik einen gewissen Erfolg erzielt hat oder im Anschluss an eine Kontrolltechnik in den Bodenkampf übergeht. Der Uebergang in den Bodenkampf empfiehlt sich auch, wenn Uke durch starkes Vorneigen des Oberkörpers das Ansetzen von erfolgreichen Würfen erschwert.

Massnahmen zum Übergang in Ne Waza

- Ansetzen eines Hebels in aufrechter Stellung und Weiterführung auf dem Boden.

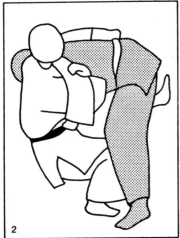

- Ansetzen eines Hebels und umdrehen (1). Mit diesem Armhebel wurde Uke aus der vorgeneigten Stellung auf die Knie gebracht, um durch Rechtsdrehen auf den Rücken in die Bodenlage gebracht zu werden.

- Erfassen des Gürtels von Uke auf seinem Rücken und Ueberdrehen mit Arm- und Beinhilfe (2).

- Ausführen von Maki komi-Techniken, zum Beispiel Soto maki komi (3).

- Ansetzen von Würgegriffen.

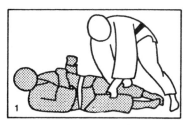

Eingänge zu Ne Waza

Die Einleitung und Vorbereitung des Bodenkampfes mit einem sich bereits am Boden befindenden Uke hängt von der gegenseitigen Lage sowie der Angriffs- und Verteidigungsrichtung von Tori und Uke ab. Es bestehen viele Möglichkeiten:

Uke in Rückenlage auf dem Boden

- Tori greift von der Fusseite von Uke her an.
    - Tori noch halb aufrecht
        - erfasst Füsse oder beide Knie von Uke, schiebt sie zur Seite und dreht auf der Gegenseite ein (1).

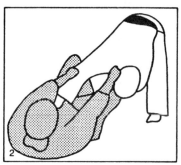

        - erfasst beide Knie, stösst sie aufwärts in Kopfrichtung von Uke, um sie beim Eintreten der Gegenreaktion abwärts zu ziehen und zu überspringen.
    - Tori vor Uke kniend
        - drückt die Knie von Uke auseinander und fixiert einen Oberschenkel von Uke am Boden.

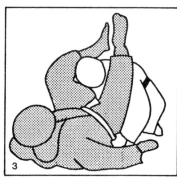

        - geht unter einem aufgehobenen Bein von Uke durch zum Körperkontakt (2).
        - fasst mit beiden Händen unter den Beinen von Uke durch dessen Gürtel, hebt beide Beine hoch, dreht sie zur Seite. Kontrolle von Uke am Arm (durch Knie) und Revers (3).

Uke in Vierfüssler-Stellung

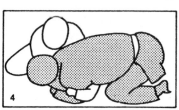

- Tori greift von der rechten Seite von Uke an.
    - Tori ergreift mit beiden Händen unter Uke durch den linken Arm von Uke und zieht zum Ueberdrehen (4).
    - Tori ergreift mit je einer Hand unter Uke durch dessen linken Arm und linkes Bein.
    - Tori ergreift von oben den linken Ellbogen und das linke Knie, hebt Uke und überdreht ihn seitlich (5).

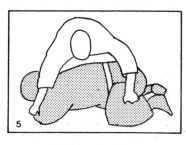

- Tori greift von der Kopfseite von Uke her an.
  - Tori erfasst den Gürtel von Uke auf dessen Rücken, setzt Armhebel an und überdreht seitlich (6).

Uke auf dem Bauch liegend

Tori hebt Uke am Gürtel an und führt zum Beispiel Würgegriff vom Rücken her aus.

Übungsformen

Die Uebungsformen des Judo und damit die Trainingsarten sind je nach den vorhandenen Möglichkeiten und dem verfolgten Zweck ausserordentlich vielseitig. Immer aber ist die Verbesserung des in jeder Bedeutung des Wortes zu verstehenden "Stils" und das Erarbeiten des judogemässen Verhaltens anzustrebendes Ziel. Selbst die im Kampf gewerteten Punkte sind nur Mittel zur Anzeige der Bewährung und nicht Endziel.
Es ist als selbstverständlich zu betrachten, dass bei Auswahl und Dosierung der Uebungen der Trainingszustand der Teilnehmer zu berücksichtigen ist. So bedürfen zum Beispiel die Fallübungen (Ukemi Waza) bei Anfängern einer noch elementareren Vorbereitung durch Roll- und Abrollübungen zum Beweglichmachen der Wirbelsäule. Für Fortgeschrittene jedoch können die Fallübungen direkt als vorbereitende Aufwärmübungen dienen; auf Zeit und im Wettbewerb betrieben, stellen sie sogar eine hervorragende Uebung zur Hebung der Kondition dar.
Diese beispielsweisen Feststellungen beinhalten die Tatsache, dass sämtliche im Judosport vorkommenden Bewegungen und Aktionen der Wurf- und Kontrolltechniken für sich geübt zur Vorbereitung (Aufwärmen) des eigentlichen Judotrainings, sowie zur Förderung der Konditionsfaktoren Schnelligkeit, Geschicklichkeit, Kraft und Ausdauer verwendet werden können. Die "Judo-Gymnastik" stellt also ein Mittel des integrierten Konditionstrainings dar, das heisst sie hebt gleichzeitig die Konditionsfaktoren und fördert die technischen Uebungen des Judo.
Nachstehend werden die verschiedenen Uebungsformen mit ihren Hauptcharakteristiken aufgeführt. Durch unterschiedliche Gewichtung oder Veränderung der Charakteristiken können spezifische Zwecke erreicht werden. So kann zum Beispiel wiederholtes Ueben (Uchi komi) der Automatisierung und dem Erwerb der Geschicklichkeit dienen. Ueber längere Zeitspanne ausgeführt, kann die gleiche Uebung jedoch die Hebung des Dauerleistungsvermögens zum Ziele haben.

Junbi Undo *(Aufwärmübungen)*

Als solche können Freiübungen oder zum Beispiel Elemente des eigentlichen Judotrainings, das heisst Bewegungen und Aktionen der Wurf- und Kontrolltechniken, verwendet werden.

Tandoku Renshu *(Praxis des Einzel-Übens)*

Das Training ohne Partner (Einzel-Training) kann sowohl die Förderung der Koordination als auch der Konditionsfaktoren zum Zwecke haben.

Sotai Renshu *(Praxis mit Partner)*

Dies ist die eigentliche technische Praxis des Judo, das heisst das insbesondere durch Selbstkontrolle überwachte Studium oder sportliche Ueben, um eine Technik zu erlernen oder zu vervollkommnen. Für Fortschritt und

Erfolg ist letztlich das eigene Ueben weit wichtiger und ausschlaggebender als das noch so perfekte Vorgezeigt-Erhalten.

Uchi komi *(Wiederholtes Üben)*

Unter dieser Bezeichnung ist die Uebungsform verstanden, deren Hauptcharakteristikum die Wiederholung ist, um Automatisierung, Bewegungsrhythmus und Geschwindigkeit zu verbessern. Dabei braucht eine Wurfaktion nicht durch die Schlussphase des Wurfes (Nage) beendet zu werden. Die Intensität des Widerstandes von Uke kann dem Trainingsgrad und Uebungszweck angemessen abgestuft werden.
Bei Betonung der Kraftentfaltung wird diese Uebungsform auch Butsukari genannt.

Yaku soku Geiko *(Studium in der Bewegung)*

ist die wichtigste Uebungsform, um die Anwendung der Techniken in der Bewegung zu studieren und zu erlernen. Gemäss stillschweigender oder vereinbarter Uebereinkunft wird kein oder nur so geringer Widerstand geleistet, dass das Studium und die Ausführung der Techniken ermöglicht werden. Die Gelegenheiten zur Anwendung der verschiedenen Techniken (Tsukuri) müssen wahrgenommen und/oder geschaffen werden, ebenso das Stören des Gleichgewichtes (Kuzushi).

Randori *(Freies Üben)*

Bei der Methode des freien Uebens erfolgen Angriff und Verteidigung gegenseitig ganz locker, ohne dass die Wertung irgendeine Bedeutung erlangt.

Shiai *(Wettspiel, Wettkampf, Turnier)*

Gegenseitiger Angriff und Verteidigung, wobei zur Feststellung der erreichten Fähigkeiten das Resultat (Wertung) als Kriterium dient. Ueber die Wertung hinaus sind zur Persönlichkeitsbeurteilung der Stil und die Haltung der Ausübenden von wesentlicher Bedeutung.

Kakari Geiko *(Belastungstraining des Einzelnen)*

Bei dieser Methode erfolgen Angriff des einen und Widerstand des andern zur Schulung gemäss vorher festgelegter Rollen. Der Angriff kann durch einen oder/und über eine bestimmte Zeit durch verschiedene Gegner nacheinander erfolgen. Bei letzterer Variante wird insbesondere die Ausdauer des Angegriffenen geschult.

Übungsformen

Kata *(Form)*

Durch das Ueben fest vorgegebener Bewegungsabläufe bis zur höchstmöglichen Vervollkommnung soll nicht nur die Technik gefördert, sondern durch das beherrschte Können Befriedigung und Glücksgefühl erlebt werden.

Shumatsu Undo *(Beruhigungsübungen)*

Zum Entspannen und zur Beruhigung dienen leichtere Uebungen der Junbi Undo-Gruppe.

Kagami Migaki *(Spiegel-Reinigen)*

Mit dieser Uebung werden physische und psychische Entspannung und Beruhigung angestrebt.

Kampfwesen

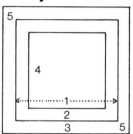

1 Kampffläche
2 Warnfläche
3 Sicherheitsfläche
4 Kampfrichter
5 Aussenrichter

	Kampfrichter-Kommandi
Hajime	Beginn des Kampfes
Osaë komi	Haltegriff
toketa	gelöst
Sono Mama	Unterbruch ohne Aenderung der Position
Yoshi	Weiter(machen)
Mate	lösen, warten
Sore Made	Kampf-Ende
Hantei	(Bitte um) Entscheidung
Rei	Gruss

(Einzel)-Wertungen			Punkte		Strafen	
Ansage	Bei Osaë komi (Sekunden)	Schiedsrichter +		− Kämpfer	Ansage	
Ippon (voller Punkt)	30	👤	10	👥	Hansoku Make (bei sehr schwerem Verstoss)	
Wazaari awasete Ippon (2 Fast-Punkte = Ippon)	2x 25-29 oder 1x 25-29 +Wazaari	👤	10			
Wazaari (Fast-Punkt)	25-29	👤	7	👥	Keikoku (bei ernstem Verstoss)	
Yuko (Fast-Wazaari)	20-24	👤	5	👥	Chui (bei mittlerem Verstoss)	
Koka (Fast-Yuko)	10-19	👤	3	👥	Shido (bei leichtem Verstoss)	
Kinsa (Vorteil)	< 10		(1)			

Kampfrichter-Entscheidungen

Ippon Gachi	Sieg durch Punkt
Sogo Gachi	zusammengesetzter Sieg bei Wazaari und Keikoku
Yusei Gachi	Sieg durch Ueberlegenheit
Hansoku Make	Disqualifikation
Kiken Gachi	Sieg durch Aufgeben des Gegners
Fusen Gachi	Sieg durch Nichtantreten des Gegners
Hikiwaki	Unentschieden

Mannschaftswertung

2 Punkte	Sieg oder Disqualifikation des Gegners
1 Punkt	Unentschieden
0 Punkte	Verlorener Kampf

Höhere Prinzipien

Puls der Energie

Unter Energie ist im folgenden das kämpferische Arbeitsvermögen zu verstehen, welches durch technische Geschicklichkeit, Kondition und geistige Kräfte bestimmt ist. Die kämpferische Energie enthält also mindestens drei Hauptkomponenten. Sie ist auch im Verlaufe eines Kampfes nicht konstant, sondern pulsierend. Rhythmus und Intensität des Pulses werden durch die Initiativen von Tori und Uke ausgelöst.

Um kämpferischen Erfolg zu erlangen und bleibend zu sichern, ist zunächst das Beherrschen der gesamten elementaren Judo-Technik nötig.

Die Aussicht, eine Vielzahl von elementaren Techniken gegen Widerstand erfolgreich einsetzen zu können, ist jedoch nur bei einer kleinen Anzahl von Athleten vorhanden.

Tokui Waza

Das zusätzliche Erarbeiten einer Spezial- oder Lieblingstechnik (Tokui Waza; tokui = bevorzugen) ist daher eine erste Hilfe. Da aber an sich die Tokui Waza eines Kämpfers bald bei seinen Partnern bekannt sein wird, gehört zur erfolgreichen Anwendung derselben nicht nur die physische Geschicklichkeit und die Kraft zu ihrer Ausführung, sondern ihre sorgfältige Vorbereitung (Tsukuri im weitesten Sinne), so dass Uke nicht oder erst zu spät bemerkt, dass Tori seine Tokui Waza zum Einsatz bringt. Der Einsatz selbst erfolgt - unter Schonung des Partners - mit explosiver Initiative.

Aneinanderreihen von Techniken

Mittel zur Freilegung zusätzlicher Energien sind die Kenntnisse und Beherrschung der

- Renraku Waza (Folge- und Kombinationstechnik)
- Kaeshi Waza (Gegenwurf-Technik).

Bei diesen beiden Arten handelt es sich um die Aneinanderreihung von an sich elementaren Techniken. Der Unterschied besteht jedoch in der Herkunft der Initiative:

Renraku Waza

Bei dieser Technik-Gruppe liegt die Initiative bei Tori.

Der Zustand von Tori, in welchem er die Initiative zur Auslösung der erfolgbringenden Energie innehat, wird mit "Sen" bezeichnet.

Mit "Sen no Sen" wird der Zustand höchster Initiative von Tori bezeichnet, in welchem er die Angriffe von Uke vorausahnend zu seinen Gunsten ausnützt.

Die Kombinationstechniken (Renraku Waza) sind daher Aneinanderreihungen von Techniken von Tori.

Wegen der günstigen Wirkung, die sich aus der Entfaltung der Initiative ergibt, sollte Renraku Waza sowohl in der Lern- wie in der Meisterschaftsphase geübt werden.

Zweck dieser Technik-Gruppe ist:

- Durch eine Finte (Täuschung) eine Aktion vorzubereiten.
- Eine erste Aktion zu intensivieren mit derselben Technik und/oder durch eine wirksamere andere Technik zu ersetzen.
- Eine durch die erste Aktion erzeugte oder durch die Reaktion von Uke entstandene Gleichgewichtsstörung zu verstärken und/oder auszunützen.
- Den Gegner durch Wechsel in der Angriffsrichtung
    - vorwärts/rückwärts
    - links/rechts
  zu verwirren.
- Die Aufmerksamkeit des Gegners von der durch die Folgeaktion betroffenen Angriffsstelle abzulenken.
- Uebergang in eine andere Technik-Gruppe:
    - Tachi Waza/Ne Waza
    - Osae Waza/Shime Waza
    - Osae Waza/Kansetsu Waza.

Kaeshi Waza

Bei dieser Technik-Gruppe liegt die Initiative bei Uke.

Der Zustand von Tori, bei welchem er im Anschluss an einen Angriff von Uke eine zunächst als Verteidigung dienende Gegenaktion unternimmt, um anschliessend einen Vorteil zu erlangen, wird mit "Go no Sen" bezeichnet.

Die Gegenwurftechniken (Kaeshi Waza) sind daher Aneinanderreihungen an Techniken von Uke.

Wegen ihres abwartenden, eher negativen Charakters sollten die Gegenwurftechniken nicht in der Lernphase geübt werden. Als leichte Erfolge können sie zur Selbstüberschätzung führen.

Zweck dieser Technik-Gruppe ist:

- Den Angriff von Uke zu blockieren.
- Die beim Angriff von Uke gestörte Gleichgewichtslage auszunützen.
- Die beim Angriff von Uke eingesetzte Kraft oder Bewegungsrichtung auszunützen.
- Uebergang von Tachi Waza zu Ne Waza.

Puls der Energie

Erarbeiten der Aneinanderreihungs-Techniken

Zwischen dem Zustand höchster Initiative und Energie (Sen no Sen), in welchem Tori einen Angriff vorausahnt und zu seinen Gunsten vorwegnimmt, und dem Zustand, in welchem Tori einen schon erfolgten Angriff gerade noch blockieren und zu seinem Vorteil umwandeln kann (Go no Sen), liegen zahlreiche Zwischenstufen. Daher besteht sowohl ein fliessender Uebergang der Zustände und Initiativen, wie ein Wechsel der Energierichtung zwischen Uke und Tori und es ergibt sich damit ein Pulsieren der Energien.

Der Kampfgeist darf nie einer einzelnen Technik verhaftet oder blockiert sein (Shinshin) und er muss sich für Angriff sowie Verteidigung bereithalten (Kentai).

Die aufmerksame Beobachtung und Pflege der pulsierenden Energien führt zu dem gewünschten Bewegungsspiel des Judo anstelle eines statischen Judo. Pflicht eines jeden Trainingsleiters ist es, die Schüler hierzu anzuleiten und anzuhalten. Pflicht der Judotreibenden ist es, sobald sie die elementaren Aktionen gelernt haben, das Bewegungsspiel aufzunehmen für sich und den Partner. Dabei muss der Judoka die für ihn geeigneten Kombinationen selbst erarbeiten.

Wegen ihrer grossen Mannigfaltigkeit ist es müssig, alle Aneinanderreihungen aufführen zu wollen. Es wird daher nachstehend ein nicht abschliessendes, vereinfachtes Anleitungsschema gegeben, nach dem der Trainierende sich orientieren und weiterentwickeln kann und soll. Zum Schluss folgen als Beispiele einzelne Bilder.

Aktionen, Reaktionen und Aneinanderreihungen

Renraku Waza (Kombinationen aus Toris Technik)

Waza	Erste Aktion von Tori	Reaktion und Veränderung von Uke	Aktion von Tori Kombinationswurf von Tori
Tachi Waza	Finte. Der Wurf misslingt	Widersteht	Gleicher Wurf intensiviert Wirkungsvollerer Wurf Angriff auf die andere Seite

Tachi Waza	Wurfansatz mit Richtung nach
	  hinten (1)
	  vorn (4)
	  rechts
	  links hinten (7)
	Angriff auf
	  das vorgestellte Bein
	  das tragende Bein
	Wurf nur Teilerfolg
		Gewichtsverlagerung nach
		  vorwärts (2)
		  rückwärts (5)
		  links
		  rechts vorn (8)
		
		Nimmt das Bein zurück
		Entlastet das Bein
		Geht mit Händen oder Knien auf den Boden
			Neue Wurfrichtung nach
			  vorwärts (3)
			  rückwärts (6)
			  links
			  rechts vorn (9)
			
			Linkswurf statt Rechtswurf Wurf geeignet für das neu belastete Bein
			Uebergang in Katame Waza

Ne Waza	Haltegriff (10) Armhebel (13) Würgegriff (16)	Stösst, zieht den Arm heraus (11) Dreht sich Widerstand (14) Verteidigt mit Armen, zieht Kinn an (17)	Stossender und ziehender Arm von Uke in Armhebel (12) Mitdrehen und Armhebel Wirkungsvollerer Armhebel (15) z.B. durch Bein-Unterstützung Armhebel (18)

Kaeshi Waza (Gegenwürfe gegen Ukes Technik)

Waza	Erste Aktion von Uke	Reaktion und Massnahme von Tori	Gegenaktion von Tori Gegenwurf von Tori

Tachi Waza	Fegt den Fuss (19)
	
	Wurfansatz mit Richtung nach
	  hinten
	  vorn (22)
	  rechts
	  links
	Eindrehen mit Rücken zu Tori (25)
		Zieht den Fuss weg (20)
		Zieht, stösst, überläuft (23) in Angriffsrichtung Gewichtsverlagerung wie oben (jedoch Tori!)
		
		Blockiert, liegt zurück (26)
		Ueberläuft in Angriffsrichtung
			Fegt mit angegriffenem Fuss (21)
			Wurf in Angriffsrichtung (24)
			
			Neue Wurfrichtung wie oben
			
			Ausheben, Rückwärtswurf (27)
			
			Wurf in Angriffsrichtung

Ne Waza	Haltegriff (28, 31) Armhebel Würgegriff (34)	Dreht (29) Stösst (32) Aendert Stellung (35) Verschiebt	Haltegriff (30) Würgegriff Armhebel (33, 36)

N.B.: Die Ziffern in Klammern entsprechen den Zeichnungen der nächsten Seiten

Renraku Waza

Renraku Waza bei Tachi Waza (Beispiele)   *Kombinationen bei Stand-Techniken*

Erste Aktion von Tori	Reaktion und Veränderung von Uke	Aktion/Kombinationswurf von Tori
		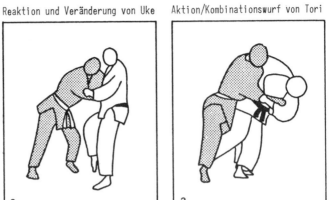
1 O soto gari	2 beugt sich vor	3 Tori dreht auf dem linken Fuss. Uchi Mata

4 Morote Seoi Nage	5 liegt zurück	6 Ko uchi gari

7 Ko soto gari	8 verlagert Gewicht nach rechts, hebt linken Fuss, beugt sich vor	9 Tai otoshi

Renraku Waza bei Ne Waza (Beispiele)   *Kombinationen bei Boden-Techniken*

Erste Aktion von Tori

Reaktion und Veränderung von Uke

Aktion/Kombinationstechnik von Tori

10
Hon Gesa Gatame

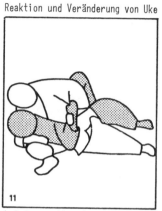
11
hat den rechten Arm aus der Um-
klammerung gezogen

12
belastet den herausgezogenen Arm.
Ude Gatame, Hiza Gatame

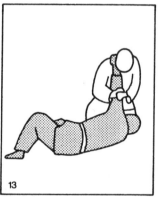
13
Ude Gatame

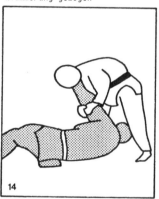
14
leistet Widerstand

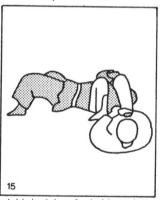
15
richtet sich auf, dreht zu Juji
Gatame

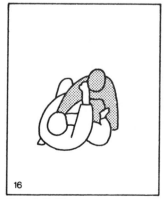
16
Kata juji jime

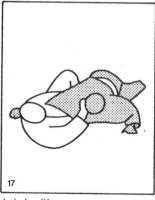
17
hat das Kinn angezogen

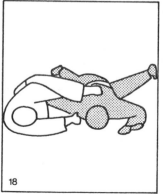
18
löst eine Hand, belastet den Ellbogen. Hiza Gatame

Kaeshi Waza

Kaeshi Waza bei Tachi Waza (Beispiele) *Gegenwürfe bei Stand-Techniken*

Erste Aktion von Uke	Reaktion und Massnahmen von Tori	Gegenaktion/Gegenwurf von Tori
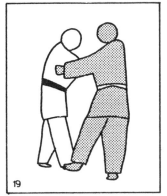		
De Ashi barai	zieht den Fuss weg	fegt mit dem angegriffenen Fuss. De Ashi barai
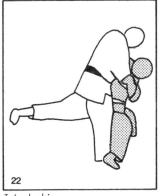		
Tai otoshi	dreht auf dem rechten Fuss um die eigene Körperlängsachse	fasst mit rechtem Arm unter Ukes rechtem Arm zu Ippon Seoi Nage
	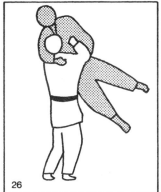	
O Goshi	nimmt Rücklage	umfasst Uke und hebt ihn aus. Utsuri Goshi

Kaeshi Waza bei Ne Waza (Beispiele) *Gegenaktionen bei Boden-Techniken*

Erste Aktion von Uke

Reaktion und Massnahmen von Tori

Gegenaktion von Tori

28

Hon Gesa Gatame

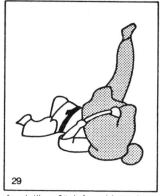

29

fasst Ukes Gürtel, geht in die Brücke, dreht um die Längsachse

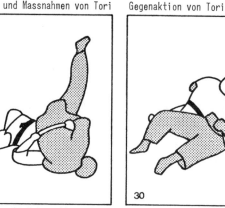

30

Kuzure Gesa Gatame

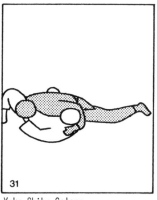

31

Yoko Shiho Gatame

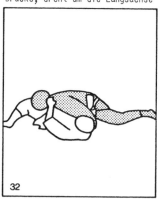

32

stösst mit Hand und Bein

33

belastet den Ellbogen: Ude Gatame

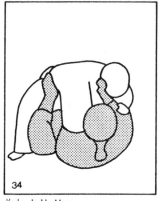

34

Kata juji jime

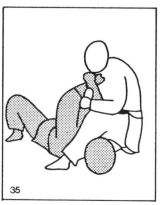

35

bringt rechtes Bein rechts neben Uke und dreht auf rechtem Fuss

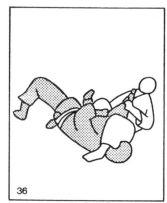

36

ergreift den rechten Arm von Uke. Juji Gatame

Kata

Kata *

Neben dem Erlernen, Studium (Yaku soku Geiko), freien Ueben (Randori) und Kampf (Shiai) enthält Judo als grosse Lehre (Do) noch weitere Gruppen sportlicher Tätigkeiten, die nicht nur Grundlagen der technischen Arbeit sind, sondern auch noch tiefere Schichten des Menschen ansprechen: Kata.

Unter Kata versteht man (in diesem Zusammenhang) vorgegebene Folgen (=Form) technischer Aktionen. Als Aktionen wurden grundlegend wichtige Techniken sorgfältig ausgewählt. Die Kata-Uebung bezweckt das Beherrschen der bis ins letzte ausgefeilten Techniken. Sofern es sich zum Beispiel um Wurftechniken handelt, sollen die einzelnen Phasen der Wurftechnik (Tsukuri, Kuzushi und Kake) tatsächlich angewendet werden und klar ersichtlich sein. In diesem Sinne bilden Kata die Grundschule der technischen Arbeit.

Die vorgegebene Auswahl der in Kata enthaltenen Techniken gibt Gewähr, dass die Grundschule anhand zweckmässiger Aktionen erlernt wird.

Die genaue Umschreibung und Festlegung der auszuführenden Techniken soll deren Optimierung gewährleisten.

Aufgabe der Kata-Trainierenden ist es nun, die derart ausgewählten und umschriebenen Techniken fehlerfrei, ohne Hemmungen, souverän darzubieten. Hierbei entfällt das im Randori enthaltene Streben, möglichst der Aktivere, und das im Shiai dominierende Verlangen, möglichst der Sieger zu sein. Der Harmonie Ausdruck zu geben, löscht dieses Streben und Verlangen. Anstelle der zweckgerichteten Leistung tritt die vollendete Bewegung. Dies soll nach anfänglichen Mühen ein Glückserlebnis vermitteln.

Um zur vollendeten Ausführung zu gelangen, ist die oftmalige Wiederholung des mechanischen Ablaufs nötig. Dann wird die Technik aber so vollkommen beherrscht, dass ihre Ausübung keiner Aufmerksamkeit mehr bedarf. Der Darbietende ist aus der Spannung entlassen. Statt nur Kenner, ist er nun Könner. Die Gespaltenheit wird zur Ganzheit.

Es gibt sechs hauptsächliche Kata. Ihnen liegt jeweils ein bestimmtes Motiv zugrunde. Einem solchen Motiv, über die einzelne Technik hinaus, Ausdruck zu verleihen, ist weiterhin Sinn der Uebung.

Die ersten drei Kata sind:

Nage no Kata oder Formen des Werfens. Die Vorbereitungen zum Werfen sollen deutlich zum Ausdruck kommen, obwohl Uke keinen sichtbaren Widerstand leistet.

Katame no Kata oder Formen der Kontrolle. Bei sorgfältigster Ausführung durch Tori kommt die vollkommene Kontrolle von Uke durch dessen vergebliche Abwehr zum Ausdruck.

Kime no Kata oder Formen der Entscheidung. Kampfangriffe werden durch sofortige Entscheidung zu entsprechenden Verteidigungsaktionen unwirksam gemacht und durch Gegenangriffe abgeschlossen.

---

* Die japanische Sprache kennt keine Artikel. Es ist daher müssig, darüber zu diskutieren, ob und welchen Artikel ein Wort in einer europäischen Sprache erhalten soll. Wie im Japanischen wird deshalb auch hier dem Wort "Kata" kein Artikel zugeordnet.

Übersicht über Judo-Kata

Nr.		Bezeichnung	Erklärung
1	RANDORI KATA	NAGE NO KATA Formen des Werfens	5 Gruppen { Te Waza / Koshi Waza / Ashi Waza / Ma sutemi Waza / Yoko sutemi Waza } Nage Waza à je 3 Würfe rechts und links
2	RANDORI KATA	KATAME NO KATA Formen der Kontrolle	3 Gruppen { Osaë Waza / Shime Waza / Kansetsu Waza } Katame Waza à je 5 Aktionen
3	ATEMI KATA	KIME NO KATA (Männer) KIME SHIKI (Frauen) Formen der Entscheidung	8 Aktionen } kniend (idori) 12 Aktionen } stehend (tachiai) 5 Aktionen 5 Aktionen der Selbstverteidigung
4		JU NO KATA Formen der Geschmeidigkeit	3 Gruppen à je 5 Angriffe und Verteidigungen ohne werfen
5	HÖHERE KATA	KOSHIKI NO KATA Antike Form (Kano!)	1. Teil: Omote. Fundamental; in langsamem Rhythmus 14 Würfe 2. Teil: Ura. Abgeleitet; in raschem Rhythmus 7 Würfe
6	HÖHERE KATA	ITSUTSU NO KATA Formen der Fünf	5 Prinzipien von Naturerscheinungen { Konzentration der Energie / Nicht-Widerstand / Zentrifugal- und Zentripetalkraft / Wechsel (Fluss und Rückfluss) / Trägheit }
		GOSHIN JITSU (no Kata) Formen der neuen Selbstverteidigung	5 Gruppen von Angriffen { mit Körperkontakt 7 Aktionen / ohne Körperkontakt 5 Aktionen / mit Messer 3 Aktionen / mit Stock 3 Aktionen / mit Pistole 3 Aktionen } total 21 Aktionen
	(RANDORI KATA)	GONOSEN NO KATA Formen der Gegenwürfe	6 Gegenwürfe gegen Ashi Waza 5 Gegenwürfe gegen Koshi Waza } total 12 Gegenwürfe 1 Gegenwurf gegen Te Waza

Nage no Kata – Formen des Werfens. Technischer Ablauf

Allgemeines

Aufbau
Die Formen umfassen fünf Gruppen von Wurftechniken, welche ihrerseits je drei Wurfaktionen enthalten. Diese sind beidseitig, das heisst rechts und links, auszuführen.

Bemerkung: Der technische Ablauf der Wurfaktionen wird später nur anhand der zuerst auszuführenden Wurfaktion (Rechts-Würfe, Ausnahme: Uki Goshi) beschrieben. Die anschliessend auszuführende Wurfaktion (meist Links-Wurf) erfolgt gegengleich.

Die Wurfaktionen setzen sich im allgemeinen aus fünf Phasen zusammen. Drei Phasen sind dabei den Wurfvorbereitungen gewidmet, wobei die dritte Phase dem vollkommenen Brechen des Gleichgewichtes von Uke dient. Dann folgen die Phasen des eigentlichen Werfens und Aufstehens. Die Phasen gehen aber stetig und harmonisch ineinander über.
Nach Beendigung jeder Gruppe kehren Tori und Uke mit voneinander abgewendeter Blickrichtung zu den Stellen (1 in Abbildung 2) zurück, die sie zu Beginn innehatten, ordnen ihre Judogi, atmen tief und wenden sich Richtung Joseki wieder einander zu.

Bewegungsregeln
Ohne direkten Kontakt mit dem Partner erfolgen die Ortsveränderungen im Wechselschritt (jedoch nur vorwärts), wobei sich die Füsse überholen (Ayumi Ashi).

Nach erfolgtem Kumi Kata bewegen sich die beiden Partner im Nachziehschritt, wobei sich die Füsse nicht überholen, sondern ein Fuss stets nachgezogen wird (Tsugi Ashi).
Bei Tsugi Ashi mit dem Partner in der Achse a (siehe Abbildung 2) beginnt im allgemeinen der Fuss, welcher Joseki zugewandt ist mit der Bewegung. Ausnahmen: Tomoë Nage, Sumi Gaeshi, Uki Waza.

Bemerkung: In der nachfolgenden Beschreibung wird unter Tsugi Ashi immer der Doppelschritt verstanden, wobei der Zusatz "links" und "rechts" angibt, welcher Fuss beginnt.

In beiden Fällen werden jedoch die Füsse nicht vom Boden abgehoben, sondern gleiten mit den Fussballen auf den Tatami (Suri Ashi).

Initiative
Uke beginnt im allgemeinen zuerst mit Kumi Kata und gilt als Angreifer. Ausnahme: Tomoë Nage (Finte von Tori).

Kuzushi
Das Gleichgewicht von Uke wird bei Tachi Waza im allgemeinen nach der Seite gebrochen, welche Joseki zugewendet ist. Ausnahmen: Uki Goshi, Uchi Mata.

Ausführungsrhythmus

Die aufeinander folgenden Wurfaktionen innerhalb einer Gruppe werden in sich beschleunigendem Tempo ausgeführt.
Die aufeinander folgenden Gruppen werden ebenfalls in immer rascherem Tempo ausgeführt.

Zu beachtende Grundsätze

Alle Aktionen und Bewegungen sind mit einem optimalen (minimalen) Aufwand, das heisst ohne unnütze Schritte und Bewegungen, auszuführen.

Die Wurfaktionen sind von Tori seriös vorzubereiten, das heisst Kuzushi und Kake müssen immer angewendet und deutlich sichtbar werden. Uke darf auf keinen Fall aus Gefälligkeit "springen" und fallen.

Aus Höflichkeit darf Tori dem Joseki nie den Rücken zuwenden. Uke darf dies beschränkt tun, zum Beispiel beim Aufstehen nach den Würfen.

Die Aktionen und Wurfrichtungen erfolgen im allgemeinen in der Kata-Achse a (siehe Abbildung 2). In den Ausnahmefällen wird der Beschreibung eine besondere Skizze angefügt.

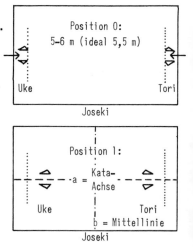

Ausgangs- und Schlussposition 0
Von Joseki aus gesehen: Uke links, Tori rechts.
Empfohlener Abstand: 5,5 m.

Beginn

Uke und Tori treten (normal) von der Mitte der Seitenlinie auf die Matte zur Ausgangsposition 0 (siehe Pfeile in Abbildung 1).

Drehung zu Joseki, Ritsurei. (Eventuell Drehung zum Publikum und Ritsurei.)

Zurückdrehen, Zarei zueinander, Aufstehen (Fersen geschlossen).

Mit dem linken Fuss beginnend einen grossen Schritt vorwärts zu Shinzen Hontai bei Position 1.

Annäherung zu Kumi Kata
Da alle Aktionen in der Mitte der Matte vor Joseki stattfinden sollen (Mittelachse b in Abbildung 2), bewegt sich Tori von Position 1 aus mehr zu Uke. Beide beginnen mit dem linken Fuss.

Abstand
Der nach den Empfehlungen des Kodokan vor dem Aufeinanderzugehen zu Beginn einer Gruppe und vor jeder Wurfaktion einzuhaltende Abstand ist jeweils in Metern (m) angegeben.

Nage no Kata

1 Te Waza

Waza	Uke	Tori	
1.1. Uki otoshi	Links beginnend mit Ayumi Ashi zueinander gehen. Abstand ca. 0,6 m		
	Als Erster: Kumi Kata	Kumi Kata.	
	Als Erster: Tsugi Ashi rechts vorwärts.	Tsugi Ashi links rückwärts.	1
	Tsugi Ashi rechts vorwärts	Tsugi Ashi links rückwärts.	2
	Vorschritt rechts.	Linker Fuss zurück, linkes Bein 45° zur Achse a, linkes Knie am Boden, Kuzushi rechts vorwärts.	3
	Fall.	Wurf. Endstellung: rechte Hand auf dem rechten Knie, Blick geradeaus.	4
	Aufstehen.	Aufrichten.	5
	Gegengleiche Ausführung.		
1.2. Seoi Nage	Bei Schlagdistanz von ca. 1,8 m		
	Schritt links vor und Ausholen zum Schlag rechts.		1
	Schritt rechts vor und Schlag rechts auf den Kopf von Tori, linken Fuss nachziehen, linke Hand auf den Rücken von Tori	Parade mit der Aussenseite des linken Unterarms, mit dem rechten Fuss eindrehen, den rechten Aermel von Uke ergreifen, Kuzushi nach rechts vorne.	2 3
	Fall.	Wurf.	4
	Aufstehen.		5
	Gegengleiche Ausführung.		
1.3. Kata Guruma	Abstand ca. 0,6 m.		
	Als Erster: Kumi Kata.	Kumi Kata.	
	Als Erster: Tsugi Ashi rechts vorwärts.	Tsugi Ashi links rückwärts.	1
	Tsugi Ashi rechts vorwärts.	Tsugi Ashi links rückwärts, Griff der linken Hand lösen, rechten Aermel von Uke von innen oben fassen.	2
	Vorschritt rechts.	Linker Fuss weit zurück, Kuzushi nach oben/vorne, Kniee beugen, rechter Arm zwischen Ukes Beine, rechten Oberschenkel von Uke fassen, linken Fuss zu Shizen Hontai anziehen.	3
	Fall.	Wurf (ohne Drehung).	4
	Aufstehen.		5
	Gegengleiche Ausführung.		
	Zu Position 1 zurück. Judogi ordnen, tief atmen, zueinander drehen.		

2 Koshi Waza

Waza	Uke	Tori	
2.1. Uki Goshi	Links beginnend mit Ayumi Ashi zueinander gehen. Bei Schlagdistanz von ca. 1,8 m:		
	Schritt links vor und Ausholen zum Schlag rechts.		1
	Schritt rechts vor und Schlag rechts auf den Kopf von Tori	Ausweichend linker Fuss zur Innenseite des linken Fusses von Uke, rechter Fuss vor den rechten Fuss von Uke, mit dem linken Arm Uke um die Taille fassen, mit der rechten Hand Ukes linken Aermel ergreifen. Kuzushi nach links.	2
	(Tori behält den rechten Fuss vorne.)		3
	Fall.	Linkswurf aus 45°-Stellung zur Achse a.	4
	Aufstehen.		5
	Gegengleiche Ausführung (nach rechts).		
2.2. Harai Goshi	Abstand ca. 0,6 m		
	Als Erster: Kumi Kata.	Kumi Kata.	
	Als Erster: Tsugi Ashi rechts vorwärts.	Tsugi Ashi links rückwärts. Rechter Arm unter linker Achselhöhle und rechte Hand auf linker Schulter von Uke.	1
	Tsugi Ashi rechts vorwärts.	Tsugi Ashi links rückwärts. Mit linkem Fuss zurück mit Tai sabaki eindrehen,	2
	Vorschritt rechts.	Kuzushi rechts vorwärts.	3
	Fall.	Wurf.	4
	Aufstehen.		5
	Gegengleiche Ausführung.		
2.3. Tsuri komi Goshi	Abstand ca. 0,6 m		
	Als Erster: Kumi Kata.	Kumi Kata. Rechte Hand ganz hoch oben an Ukes Kragen.	
	Als Erster: Tsugi Ashi rechts vorwärts.	Tsugi Ashi links rückwärts.	1
	Tsugi Ashi rechts vorwärts.	Tsugi Ashi links rückwärts. Mit Tai sabaki links zurück, rechter Fuss vor und innerhalb des rechten Fusses von Uke und	2
	Tsugi Ashi rechts vorwärts, Körper ganz aufrecht halten.	Kuzushi rechts vorwärts mit stark gebeugten Knien.	3
	Fall.	Wurf.	4
	Aufstehen.		5
	Gegengleiche Ausführung.		
	Zu Position 1 zurück. Judogi ordnen, tief atmen, zueinander drehen.		

Nage no Kata

3 Ashi Waza

Waza	Uke	Tori	
3.1. Okuri Ashi barai	Links beginnend Ayumi Ashi zur Achse b (bei schmalem Dojo Treffpunkt aus der Kata-Achse a Richtung Joseki verschoben). Abstand 0,3 m		
	Als Erster: Kumi Kata.	Kumi Kata. Tori zieht Uke zu seiner linken Seite.	
	Seitschritt links/rechts.	Seitschritt rechts/links.	1
	Seitschritt links/rechts.	Seitschritt rechts/links.	2
	Seitschritt links, rechten Fuss nachziehen.	Seitschritt rechts, Uke anheben, Kuzushi. Drehimpuls mit linkem Arm.	3
	Fall.	Wurf.	4
	Aufstehen.		5
	Gegengleiche Ausführung.		
3.2. Sasaë tsuri komi Ashi	Abstand ca. 0,6 m		
	Als Erster: Kumi Kata.	Kumi Kata.	
	Als Erster: Tsugi Ashi rechts vorwärts.	Tsugi Ashi links rückwärts.	1
	Tsugi Ashi rechts vorwärts.	Tsugi Ashi links rückwärts.	2
		Rechter Fuss nach rechts auswärts/rückwärts, Zehen nach innen gegen Uke gerichtet.	3
	Vorschritt rechts.	Linker Fuss blockiert den rechten Rist von Uke. Tsuri komi. Kuzushi nach rechts vorwärts. Körper links drehen.	
	Fall.	Wurf.	4
	Aufstehen.		5
	Gegengleiche Ausführung.		
3.3. Uchi Mata	In der Mitte der Matte, Abstand ca. 0,6 m. Migi Shizentai.		
	Als Erster: Kumi Kata.	Kumi Kata (Variante: rechte Hand fasst hoch).	
	Linker Fuss schräg vor, rechten Fuss nachziehen.	Linker Fuss schräg vor, rechten nachziehen.	1
	Linker Fuss schräg vor, rechten Fuss nachziehen.	Linker Fuss schräg vor, rechten nachziehen	2
	Linker Fuss schräg vor, rechten Fuss nicht ganz nachziehen.	Linken Fuss vornehmen, Kuzushi nach links vorne. (Durch Zug der rechten Hand ergibt sich die Kreisbewegung.)	3
	Fall.	Wurf: Der rechte Oberschenkel fegt Ukes linken Oberschenkel von innen.	4
	Aufstehen.		5
	Gegengleiche Ausführung.		
	Zu Position 1 zurück. Judogi ordnen, tief atmen, zueinander drehen.		

4 Ma sutemi Waza

Waza	Uke	Tori	
4.1. Tomoë Nage	\multicolumn{2}{c}{Links beginnend mit Ayumi Ashi zueinander gehen. Abstand ca. 0,6 m. Migi Shizentai.}	
	Als Erster: Kumi Kata.	Kumi Kata. Uke zurückstossen.	
	3 Schritte zurück, mit linkem Fuss beginnend.	3 Schritte vor, mit rechtem Fuss beginnend.	1
	Tori zurückstossen.	Linker Fuss zwischen Ukes Füsse.	2
	Linker Fuss auf Höhe des rechten Fusses.	Griff der linken Hand lösen und rechtes Revers von Uke fassen.	
	Rechten Fuss weit vorstellen.	Kuzushi. Rechter Fuss an Ukes Unterleib.	3
	Fall.	Wurf.	4
	Aus dem Abrollen direkt aufstehen.	Aufstehen.	5
	Zueinander drehen.	Zueinander drehen.	
	\multicolumn{2}{c}{Gegengleiche Ausführung.}	
4.2. Ura Nage	\multicolumn{2}{c}{Bei Schlagdistanz von ca. 1,8 m}	
	Schritt links vor und ausholen zum Schlag rechts.		1
	Schritt rechts vor und Schlag rechts auf den Kopf von Tori (Der rechte Fuss bleibt vorne.)	Ausweichen. Linken Fuss ausserhalb und hinter den rechten Fuss von Uke vorstellen und rechten Fuss parallel dazu. Linke Hand auf Ukes Rücken, rechte Hand auf Ukes Magen. Kontakt durch linke Körperseite von Tori.	2
		Kuzushi: Hüftstoss und Druck der rechten Hand.	3
	Fall.	Wurf (über die linke Schulter).	4
	\multicolumn{2}{c}{Liegenbleiben, Blick zueinander (Tori Gesicht Richtung Joseki), aufstehen, zueinander drehen.}	5
	\multicolumn{2}{c}{Gegengleiche Ausführung.}	
4.3. Sumi Gaeshi	\multicolumn{2}{c}{Abstand ca. 0,9 m. Migi Jigotai. Rechte Arme unter den linken Achselhöhlen, rechte Hände auf den linken Schulterblättern. Linke Hände Griff an den rechten Aermeln.}	
	Linker Fuss vor.	Rechter Fuss im Kreis zurück.	1
	Rechter Fuss vor auf die Höhe des linken Fusses.	Linker Fuss zum rechten Fuss, rechter Fuss hinter das linke Knie von Uke.	2
	Rechter Fuss weit vorstellen.	Kontakt. Kuzushi.	3
	Fall.	Wurf (über die linke Schulter).	4
	Aus dem Rollen direkt aufstehen.	Aufstehen.	5
	\multicolumn{2}{c}{Zueinander drehen.}	
	\multicolumn{2}{c}{Gegengleiche Ausführung.}	
	\multicolumn{2}{c}{Zu Position 1 zurück. Judogi ordnen, tief atmen, zueinander drehen.}	

Nage no Kata

5 Yoko sutemi Waza

Waza	Uke	Tori	
5.1. Yoko gake	Links beginnend mit Ayumi Ashi zueinander gehen. Abstand ca. 0,6 m		
	Als Erster: Kumi Kata.	Kumi Kata.	1
	Als Erster: Tsugi Ashi rechts vorwärts.	Tsugi Ashi links rückwärts.	
	Tsugi Ashi rechts vorwärts.	Tsugi Ashi links rückwärts, Uke ziehen und drehen.	2
	Rechter Fuss vor. Gewicht fast ganz auf den vorgestellten rechten Fuss verlagern.	Gewicht auf den rechten Fuss verlagern. Kuzushi, linke Hand zieht und stösst nach oben.	3
	Fall.	Wurf. Rechts Griff lösen, linken Arm von Uke kontrollieren.	4
	Aufstehen.		5
	Gegengleiche Ausführung.		
5.2. Yoko Guruma	Bei Schlagdistanz von ca. 1,8 m		
	Schritt links vor, Ausholen zum Schlag rechts.		1
	Schritt rechts vor, Schlag rechts auf den Kopf von Tori.	Ausweichen nach links, Uke umfassen (wie bei Ura Nage).	2
	Zur Vermeidung von Ura Nage Körper vorbeugen (linken Fuss zurücknehmen).	Rechtes Bein dem Boden entlang zwischen die Beine von Uke schieben. Durch Ziehen und Stossen Kuzushi.	3
	Fall: Richtung 4, senkrecht zur Fusslinie von Uke.	Wurf.	4
	Direkt aufstehen und drehen.	Aufstehen. Zueinander drehen.	5
	Gegengleiche Ausführung direkt von 4 aus oder nach Rückkehr auf die Achse a.		
5.3. Uki Waza	Abstand ca. 0,9 m. Migi Shinzentai. Rechte Arme unter den linken Achselhöhlen, rechte Hände auf den linken Schulterblättern. Linke Hände Griff an den rechten Aermeln.		
	Linker Fuss vor.	Rechter Fuss im Kreis zurück.	1
	Rechter Fuss vor.	Linkes Bein nach links am Boden ausstrecken.	2
		Kontakt, Kuzushi.	3
	Fall: Richtung 4, ca. 45 zur Achse a.	Wurf (über die linke Schulter).	4
	Direkt aufstehen und drehen.	Aufstehen und zueinander drehen.	5
	Gegengleiche Ausführung direkt von 4 aus oder nach Rückkehr auf die Achse a.		
	Zurück zu Anfangsposition 1. Judogi ordnen, tief atmen, zueinander drehen.		

	Uke und Tori
Schluss	Mit dem rechten Fuss beginnend einen Schritt zurück zur Ausgangsposition O. Zarei zueinander, aufstehen. Drehung zu Joseki, Ritsurei (eventuell Drehung zum Publikum und Ritsurei). Matte in der Mitte der Seitenlinie auf der Kata-Achse a verlassen.

Katame no Kata – Formen der Kontrolle. Technischer Ablauf

Allgemeines

Aufbau

Diese Formen bestehen aus drei Gruppen von Kontrolltechniken, welche ihrerseits je fünf Kontroll-Aktionen enthalten. Diese Aktionen werden nur nach einer Seite ausgeführt.
Tori hat die Angriffe in der Anfangsphase äusserst sorgfältig und behutsam vorzubereiten. Die Ausführung derselben soll jedoch wirkungsvoll erfolgen und in der Schlussphase Festigkeit offenbaren. Bei den Aufgabe-Techniken muss Tori Uke zusätzlich in seinen Stellungen fixieren.
Uke ist während der Vorbereitung passiv, indem er die Ausführung der Angriffe nicht hindert. Bei den Haltegriffen sucht er sich jedoch energisch in drei Richtungen zu befreien. Hierfür werden Beispiele angegeben. Gelingt ihm die Befreiung nicht oder muss er aufgeben, so klopft er deutlich wahrnehmbar zweimal ab.
Nach Beendigung jeder Gruppe kehren Tori und Uke zu den Positionen 1 zurück, die sie zu Beginn innehatten und nehmen die hohe Kniestellung ein.

Körperstellungen

Hohe Kniestellung von Tori und Uke (Kyoshi no kamaë): L ; ⌐
   linken Fuss mit aufgestellten Zehen zurück,
   linkes Knie auf dem Boden,
   rechtes Bein wird um 90° ausgedreht,
   rechte Hand auf rechtes Knie mit geschlossenen Fingern,
   linken Arm an linker Seite.

Liegestellung (von Uke) aus der hohen Kniestellung: ⊂O•
   rechte Hand mit einwärtsgedrehten Fingern auf den Boden stützen,
   rechtes Bein unter dem Körper durchschieben mit Linksdrehung,
   Abliegen mit gestreckten Beinen, Kopf angehoben.
   Anheben des linken Knies und Ablegen des Hinterkopfes auf den Boden mit
      an die Brust angezogenem Kinn.
      (Bemerkung: Die Lage des Kopfes ändert bei und je nach Angriffs-
      aktionen von Tori, z.B. Aufheben des Kopfes oder des Kinns.)

Aktionen

Aufstehen von Tori und Uke aus der hohen Kniestellung zu Shizenhontai:
   rechten Fuss dem linken Knie annähern auf ungefähr 30 cm.
   Auf Fussballen aufstehen und linken Fuss nachziehen.

Erheben von Uke aus der Liegestellung zur hohen Kniestellung:
   Strecken des linken Beines und Anheben des Kopfes,
   Aufsitzen durch Abstützen der rechten Hand auf Hüfthöhe mit nach unten
      gerichteten Fingern auf dem Boden,
   Gleichzeitig anziehen des linken Beines,
   Aufstützend auf den linken Fuss und die rechte Hand mit Rechtsdrehung
      das rechte Bein unter dem Körper durchschieben.

Aufsitzen von Uke aus der Liegestellung: ⊸⊙
    Erheben des Oberkörpers zum Sitz. Linkes Bein unter dem gebogenen rechten Bein gekreuzt.

Vorwärtsknien von Tori und Uke aus der hohen Kniestellung:
    rechter Fuss zum linken Knie
    Vorschritt mit dem rechten Fuss
    Nachziehen des linken Knies und Fusses (Fussballen auf dem Boden).

Rückwärtsknien von Tori und Uke aus der hohen Kniestellung:
    rechten Fuss zum linken Knie
    Rückgleiten des linken Knies und des linken Fusses (Fussballen auf dem Boden)
    Rückschritt mit dem rechten Fuss.

"Déplacement"
    steht für das aufrechte Bewegen von Tori (zwischen den Positionen 1 und 2). Es ist im Wechselschritt (ayumi Ashi) mit auf dem Boden gleitenden Füssen (suri Ashi) auszuführen.

Positionen von Tori während der Ausführung

Tori an der rechten Seite von Uke   Abstand von Ukes Arm

  2 Weite Position   ca. 1,2 m-1,5 m
  3 Nahe Position   ca. 0,3 m
  4 Kontakt-Position   ∼ 0 m

Tori an der Kopfseite von Uke   Abstand von Ukes Kopf

  5 Weite Position   ca. 1,2 m-1,5 m
  6 Nahe Position   ca. 0,3 m
  7 Kontakt-Position   ∼ 0 m

    Bemerkung: Weite Position = to ma
               Nahe Position = chika ma
               ◁ bedeutet Füsse bei aufrechter Stellung
               L⌐ bedeutet hohe Kniestellung.

Ausgangs- und Schlussposition 0

Uke links } von Joseki. Empfohlener Abstand ca. 5,5 m.
Tori rechts

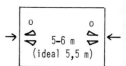

Vorbereitung

    Tori und Uke in Shizentai bei 0
    Ritsurei zu Joseki (und eventuell zum Publikum)
    Zarei zueinander
    Aufstehen
    Mit dem linken Fuss beginnend ein Schritt vor zu Shizenhontai bei 1.

Katame no Kata

	Uke	Tori
Beginn	Vorwärts-knien; hohe Kniestellung. Liegestellung	Hohe Kniestellung bei 1 [Diagramm] Aufstehen. Déplacement zu 2.

1 Osaë Waza

Waza	Uke	Tori
1.1. Kuzure Kesa Gatame	Verteidigung z.B.: a) Tori über die linke Schulter ziehen. b) Tori zur Kopfseite überdrehen. c) Rechten Arm herausziehen. 2x mit der Hand abklopfen	Hohe Kniestellung bei 2. Vorwärtsknien, vorwärtsknien, hohe Kniestellung bei 3. Vorwärtsknien zu 4. Rechten Arm von Uke mit beiden Händen ergreifen, aufheben und unter der linken Achselhöhle festklemmen. Rechtes Knie an der rechten Seite von Uke. Der rechte Arm liegt unter der linken Achselhöhle von Uke. Rechten Arm von Uke mit dem linken Arm einklemmen. Haltegriff. Wechsel der Beinstellung (scheren). Loslassen; rechten Arm von Uke zurücklegen. Rückwärtsknien; hohe Kniestellung bei 3.
1.2. Kata Gatame	Verteidigung z.B.: a) Hände zusammenschliessen. b) Rechtes Knie an Tori und mit der linken Hand am Gürtel ziehen. c) Beine heben und Tori überdrehen 2x abklopfen.	Vorwärtsknien zu 4; rechten Arm von Uke mit beiden Händen aufheben. Rechten Arm von Uke mit der linken Hand an Ukes rechte Wange legen, rechten Arm unter dem Nacken von Uke. Mit der rechten Nakkenseite den rechten Arm von Uke blockieren. Beide Handflächen zusammenschliessen. Mit dem rechten Knie die rechte Seite von Uke kontrollieren. Linkes Bein zur linken Seite ausgestreckt. Haltegriff. Loslassen. Rechten Arm von Uke zurücklegen. Rückwärtsknien; hohe Kniestellung bei 3. Rückwärtsknien; rückwärtsknien; hohe Kniestellung bei 2; aufstehen; Déplacement zu 1.

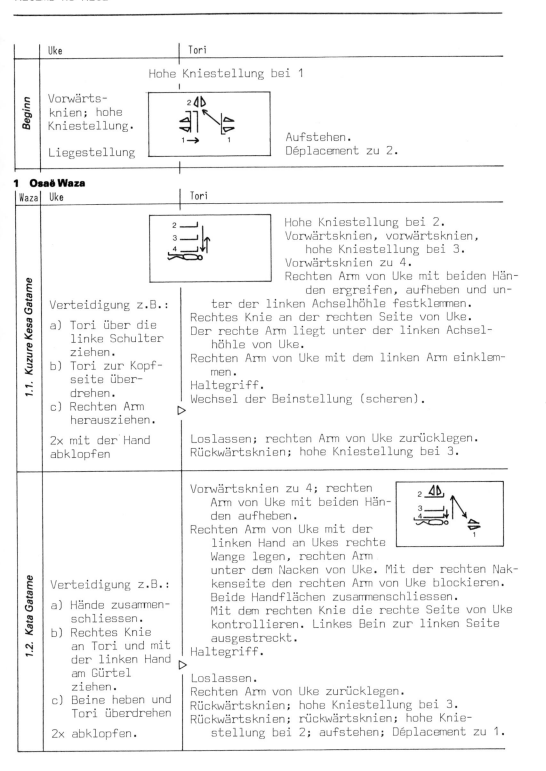

Waza	Uke	Tori	
1.3. Kami Shiho Gatame	Verteidigung z.B.: a) Linkes Knie und rechte Seite von Tori zurückstossen und nach links drehen. b) Schultern von Tori zurückstossen und Beine heben. c) Auf den Hals drücken. 2x abklopfen.	Hohe Kniestellung bei 5. Vorwärtsknien; vorwärtsknien; hohe Kniestellung bei 6; vorwärtsknien zu 7. Mit beiden Händen unter Ukes Armen durch seinen Gürtel erfassen. Das rechte Knie auf den Boden legen und rechte Wange auf Ukes Bauch. Zehenrücken auf dem Boden. Haltegriff. Wechsel der Beinstellung. ▷ Loslassen, aufrichten. Rückwärtsknien; hohe Kniestellung bei 6. Rückwärtsknien; rückwärtsknien; hohe Kniestellung bei 5; aufstehen; Déplacement zu 2.	
1.4. Yoko Shiho Gatame	Verteidigung z.B.: a) Linke Hand stösst Kopf weg, linkes Bein darüber. b) Rechtes Knie unter Körper von Tori und rechts drehen. c) Linke Hand fasst Gürtel von Tori und dreht nach links. 2x abklopfen.	Hohe Kniestellung bei 2. Vorwärtsknien; vorwärtsknien; hohe Kniestellung bei 3; vorwärtsknien zu 4. Rechten Arm von Uke mit beiden Händen nach links legen; nachrücken; rechte und linke Hand bereiten Gürtelgriff vor. Die rechte Hand ergreift zwischen den Beinen von Uke und unter dessen linkem Bein hindurch den Gürtel von Uke. Die linke Hand ergreift unter dem Nacken von Uke durch mit Daumen innen den Kragen von Uke. Kopfseite auf Bauch von Uke. Knie gespreizt; Zehenrücken auf dem Boden. Haltegriff. ▷ Loslassen; rechten Arm von Uke zurücklegen. Rückwärtsknien; hohe Kniestellung bei 3. Rückwärtsknien; rückwärtsknien; hohe Kniestellung bei 2; aufstehen; Déplacement zu 1.	

Waza	Uke	Tori
1.5. Kuzure kami Shiho Gatame	Verteidigung z.B.: a) Mit der linken Hand den Hals und mit der rechten Hand das rechte Knie wegdrücken. b) Die linke Hand drückt Tori aufwärts, um mit dem linken Knie nachzustossen. c) Gürtel von Tori ergreifen und ihn nach links werfen. 2x abklopfen.	Hohe Kniestellung bei 5. Vorwärtsknien; vorwärtsknien; hohe Kniestellung bei 6; vorwärtsknien zu 7 an der rechten Seite von Uke. Mit der rechten Hand den rechten Arm von Uke zu sich nehmen und mit der linken Hand aufheben. Die rechte Hand ergreift unter dem rechten Arm von Uke durch dessen Kragen mit den Fingern innen. Die linke Hand ergreift unter dem linken Arm von Uke durch mit Daumen innen den Gürtel von Uke an der Seite. Rechte Wange an Ukes Bauch. Knie gespreizt, Zehenrücken auf dem Boden. Haltegriff (etwas auf die rechte Seite von Uke verlagert und Körperachse leicht schräg), Wechsel der Beinstellung. ▷ Loslassen, aufrichten. Rechten Arm von Uke zurücklegen. Rückwärtsknien; hohe Kniestellung bei 6. Rückwärtsknien; rückwärtsknien.
Zwischenstück	Erheben; hohe Kniestellung. Judogi ordnen in Gegenüberstellung. Liegestellung.	Hohe Kniestellung bei 5. Aufstehen; Déplacement zu 2.

2 Shime Waza

Waza	Uke	Tori
2.1. Kata juji jime	Verteidigung z.B.: Mit beiden Händen auf Toris Ellbogen drücken. 2x abklopfen.	Hohe Kniestellung bei 2. Vorwärtsknien; vorwärtsknien; hohe Kniestellung bei 3; vorwärtsknien zu 4. Rechten Arm von Uke mit beiden Händen nach links legen; nachrücken. Würgegriff: Das linke Revers von Uke mit der rechten Hand anspannen (Daumen innen) und mit der linken Hand tief fassen (Finger innen). Linken Arm von Uke mit der rechten Hand zur Seite legen. Reitsitz einnehmen. Die rechte Hand ergreift mit kreisförmiger Bahn das rechte Revers von Uke mit Daumen innen. Hüftkontrolle. Würgen. Griff lösen. Aus dem Reitsitz aussteigen. Arme von Uke zurücklegen. Rückwärtsknien; hohe Kniestellung bei 3; rückwärtsknien; rückwärtsknien; hohe Kniestellung bei 2. Aufstehen. Déplacement zu 1.
2.2. Hadaka jime	Aufsitzen. Verteidigung z.B.: Mit beiden Händen den rechten Aermel von Tori herunterziehen. 2x mit dem Fuss abklopfen.	Hohe Kniestellung bei 5. Vorwärtsknien; vorwärtsknien; hohe Kniestellung bei 6; vorwärtsknien zu 7. Würgegriff: Linke Hand mit Handrücken auf die linke Schulter von Uke. Rechter Arm über die rechte Schulter von Uke an die Kehle. Handflächen zusammenschliessen. Rechte Wange von Tori an die linke Wange von Uke. Linkes Knie zurücknehmen und Gleichgewicht nach hinten stören. Würgen. Griff lösen. Rückwärtsknien; hohe Kniestellung bei 6.

Waza	Uke	Tori
2.3. Okuri Eri jime	Verteidigung z.B.: Mit beiden Händen den rechten Aermel von Tori herunterziehen. 2x mit dem Fuss abklopfen.	Vorwärtsknien zu 7. Würgegriff: Die linke Hand spannt unter der Achselhöhle durch das linke Revers von Uke (mit den Fingern innen). Die rechte Hand ergreift über die rechte Schulter das linke Revers von Uke mit Daumen innen. Die linke Hand von Tori wechselt zum Griff am rechten Revers von Uke mit Daumen innen. Rechte Wange von Tori an der linken Wange von Uke. Linkes Knie zurücknehmen und das Gleichgewicht nach hinten stören. Würgen. ▷ Griff lösen. Rückwärtsknien; hohe Kniestellung bei 6.
2.4. Kata ha jime	Verteidigung z.B.: Wie bei 2.2. oder Zusammenschliessen der Hände. 2x abklopfen. Liegestellung.	Vorwärtsknieen zu 7. Würgegriff: Die linke Hand gleitet unter der linken Achselhöhle von Uke durch und spannt das linke Revers von Uke (Finger innen). Die rechte Hand greift über die rechte Schulter von Uke und ergreift dessen linkes Revers mit Daumen innen. Tori hebt den Oberkörper. Linker Arm aufgehoben. Linker Handrücken von Tori an den Hinterkopf von Uke. Tori dreht und zieht nach rechts hinten. Würgen. ▷ Griff lösen. Rückwärtsknien; hohe Kniestellung bei 6. Rückwärtsknien; rückwärtsknien; hohe Kniestellung bei 5; aufstehen. Déplacement zu 2.

Waza	Uke	Tori
2.5. Gyaku juji jime		Hohe Kniestellung bei 2. Vorwärtsknien; vorwärtsknien; hohe Kniestellung bei 3; vorwärtsknien zu 4.
	Verteidigung z.B.: Uke presst mit den Händen auf die Ellbogen von Tori, drückt mit seiner linken Hand auf den rechten Ellbogen, so dass Tori zur Rechten von Uke rollt. 2x abklopfen. Zur Ausgangslage zurückrollen.	Rechten Arm von Uke mit beiden Händen nach links legen. Nachrücken. Würgegriff: Das linke Revers von Uke mit der rechten Hand anspannen (Daumen innen) und mit der linken Hand tief fassen (Finger innen). Linken Arm von Uke mit der rechten Hand zur Seite legen. Reitsitz einnehmen. Die rechte Hand ergreift direkt das rechte Revers von Uke mit den Fingern innen. Tori umklammert Uke mit den Beinen und zieht ihn auf sich, wird aber zur Seite mitgerollt. Würgen. Griff lockern.
	Erheben.	Aus dem Reitsitz aussteigen, Arme von Uke zurücklegen. Rückwärtsknien; hohe Kniestellung bei 3; rückwärtsknien; rückwärtsknien; hohe Kniestellung bei 2. Aufstehen. Déplacement zu 1.
Zwischenstück	Hohe Kniestellung Judogi ordnen in Gegenüberstellung. Liegestellung.	Hohe Kniestellung bei 5. Aufstehen; Déplacement zu 2.

Katame no Kata

3 Kansetsu Waza

Waza	Uke		Tori
3.1. Ude garami	Angriff: Die linke Hand will das rechte Revers von Tori ergreifen. Verteidigung z.B.: Uebergang zur Brücke. 2x mit der rechten Hand abklopfen.	▷ ▷	Hohe Kniestellung bei 2. Vorwärtsknien; vorwärtsknien; hohe Kniestellung bei 3; vorwärtsknien zu 4. Rechten Arm von Uke mit der linken Hand, unterstützt durch die rechte, nach links legen. Nachrücken. Armhebel: Mit der linken Hand (Daumen nach unten) das linke Handgelenk von Uke ergreifen, seinen Arm beugen und so auf den Boden bringen, dass die beiden linken Vorderarme ungefähr einen rechten Winkel bilden. Tori ergreift mit der rechten Hand sein linkes Handgelenk. Rechtes Knie am Boden. Hebel ausführen. Griff lösen. Arme von Uke zurücklegen. Rückwärtsknien; hohe Kniestellung bei 3.
3.2. Ude hishigi juji Gatame	Angriff: Die rechte Hand will das linke Revers von Tori ergreifen. Verteidigung z.B.: Uebergang zur Brücke. 2x mit der linken Hand abklopfen.	▷ ▷	Vorwärtsknien zu 4. Armhebel: Mit der rechten Hand das rechte Handgelenk und mit der linken Hand den rechten Vorderarm von Uke ergreifen. Rechtes Schienbein an Uke Seite. Linkes Bein über Ukes Kopf. Zurückrollen, Knie zusammenschliessen. Hebel ausführen. Griff lösen. Linkes Bein zurücknehmen. Rechten Arm von Uke zurücklegen. Rückwärtsknien; hohe Kniestellung bei 3.

Waza	Uke		Tori
3.3. Ude hishigi Ude Gatame	Angriff: Uke dreht nach rechts und will mit der linken Hand das rechts Revers von Tori ergreifen. Verteidigung z.B.: Arm herausziehen. 2x abklopfen. Erheben.	▷ ▷	Vorwärtsknien zu 4. Den rechten Arm von Uke mit beiden Händen nach links legen. Nachrücken. Armhebel: Die rechte und darauf die linke Hand von Tori drücken auf den linken Ellbogen von Uke. Der Vorderarm von Uke ist an der rechten Halsseite von Tori blockiert. Hebel ausführen: Druck verstärken, Körper nach links drehen, rechtes Knie auf Uke. Druck nachlassen; Arme von Uke zurücklegen. Rückwärtsknien; hohe Kniestellung bei 3; rückwärtsknien; rückwärtsknien; hohe Kniestellung bei 2. Aufstehen. Déplacement zu 1.
3.4. Ude hishigi Hiza Gatame	Hohe Kniestellung. Verteidigung z.B.: Arm befreien. 2x abklopfen Hohe Kniestellung.	 ▷	Hohe Kniestellung. Vorwärtsknien; vorwärtsknien; hohe Kniestellung. ca. 0,3 m Distanz, Kumi Kata Armhebel: Die linke Hand löst den Griff und greift (im Gegen-Uhrzeigersinn) unter dem rechten Arm von Uke hindurch von oben den rechten Aermel von Uke. Der rechte Arm von Uke ist zwischen dem linken Arm und der linken Achselhöhle von Tori eingeklemmt. Der rechte Fuss stösst den linken Oberschenkel von Uke zurück und wird in die linke Schenkelbeuge von Uke gesetzt, so dass das Gleichgewicht von Uke nach links vorne gestört wird. Tori zieht mit der rechten Hand und dreht sich nach rechts. Uke fällt halblinks. Hebel ausführen: Das linke Knie presst auf den rechten Ellbogen von Uke. Pressung lösen. Hohe Kniestellung. Rückwärtsknien; rückwärtsknien; hohe Kniestellung.

Waza	Uke	Tori
3.5. Ashi garami	Aufstehen. Mit dem linken Fuss beginnend aufeinander zugehen. Kumi Kata in Migi Shizentai. Erste Verteidigung: Grosser Vorschritt rechts. ▷ Verteidigung z.B.: Nach links drehen und Tori an sich ziehen. 2x abklopfen. ▷ Rückwärtsknieen; Hohe Kniestellung; rückwärtsknien.	Beinhebel: Tori stellt (wie bei Beginn von Tomoë Nage) seinen linken Fuss zwischen die Füsse von Uke, setzt seinen rechten Fuss auf den Bauch von Uke und geht in Rücklage zu Boden. Tori hebt sein linkes Bein, schiebt es zwischen die Beine von Uke und rollt es von aussen um das rechte Bein von Uke. Tori stösst mit dem rechten Bein den linken Oberschenkel von Uke zurück, so dass Uke nach vorn fällt. Hebel ausführen: Das linke Bein ist so um das rechte Bein von Uke gewickelt, dass sich der linke Fuss vor dem Unterleib von Uke befindet und dass das linke Bein auf das rechte Knie von Uke presst. Pressung lösen. Griff der Hände lösen. Hohe Kniestellung. Rückwärtsknien; rückwärtsknien.
Schluss		Hohe Kniestellung. Judogi in Gegenüberstellung ordnen. Aufstehen. Mit dem rechten Fuss beginnend einen Schritt zurück. Zarei gegeneinander; aufstehen. Zu Joseki drehen; Ritsurei. (eventuell zum Publikum drehen; Ritsurei)

Hintergründe

Hintergründe

Ursachen und deren Interdependenzen zum Entstehen und Verstehen des Judo Japans

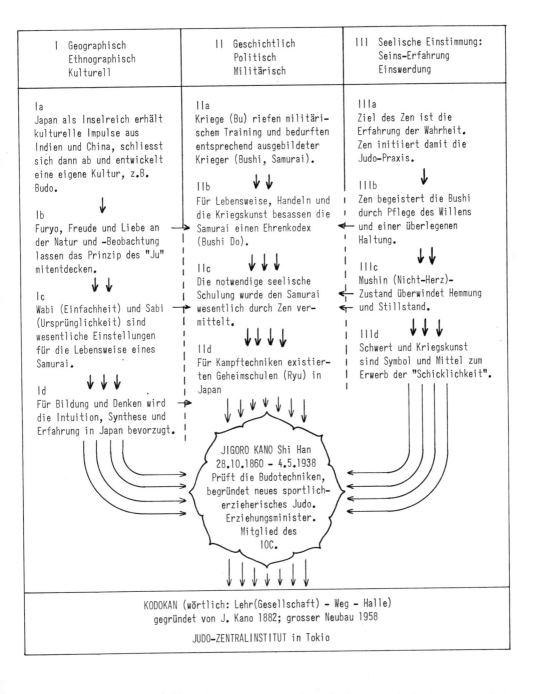

Erläuterungen

Zu Ia:
Bis Ende des 9. Jahrhunderts erfolgte ein lebhafter kultureller Austausch von Indien sowie von und über China mit Japan.
Beispiele: Schriftzeichen. 538 n.Chr. Buddhismus in Japan (ab 741 Staatsreligion). Zen (siehe IIIa).
Dann schliesst sich Japan in der Tokugawa-Periode (1615-1868) praktisch vollständig vom Ausland ab, um eine eigenständige Kultur zu entwickeln. Erst 1853 erfolgt die Oeffnung des Landes durch das Eindringen der Flotte des US-Kommodore Perry in die Bucht von Tokio.

Zu Ib:
Als Beispiel diene die Erzählung über die "Entdeckung" des "Ju-Prinzips": Bäume mit elastischem Holz biegen sich unter der Schneelast und schütteln sie ab ohne zu brechen, während Bäume mit starrem Holz unter der Schneelast Schaden erleiden. (Bemerkung: Das Prinzip ist jedoch viel tiefer begründet.)

Zu Ic:
Wabi bezeichnet den Hang zum einfachen Leben, ja sogar zu freiwilliger Armut (Lebenszustand).
Sabi bezeichnet die Wertschätzung des ursprünglichen Schlichten (auf Gegenstände bezogen).
Die Hochschätzung von Wabi und Sabi werden vom kulturell gebildeten Japaner als nötigerweise zu besitzende Persönlichkeitswerte betrachtet.

Zu Id:
Das intuitive Erfassen und Handeln gilt den Samurai (und in Japan) angemessener als logische und analytische Denkweise.

Zu IIa:
Die Uebernahme der weltlichen Macht durch die Shogune (Verwalter) ab 1192, rivalisierende Geschlechter, Lehensherren und Vasallen führten oft zu Wirren und kämpferischen Auseinandersetzungen.

Zu IIb:
Die Kriegerethik und die Ehre der Samurai beruht beispielsweise auf der Einhaltung wohlmeinender Gesinnung, Treue, Hingabe sowie steter Bereitschaft zu sterben.

Zu IIc:
Zen begeisterte die Kriegerklasse, da Zen den Kriegern erfahrungsnah und praktisch, ohne logische oder andere Erörterungen, die unter IIb genannten Eigenschaften vermittelt.
Da das Tragen von Schwertern - welche Symbole ihres Seelenzustandes waren - den Samurai durch Gesetz erst 1871 verboten wurde, sind diese Eigenschaften noch weitgehend lebendig und verbindlich.

Hintergründe   217
___

Zu IId:
Zur Zeit vor der Einführung des Kodokan-Judo existierten einige zwanzig
Budo-Schulen (Ryu): Jigoro Kano studierte an den wichtigsten davon.

Zu IIIa:
Zen wurde als besondere Art des Buddhismus ca. im 6. oder 7. Jahrhundert
nach Christus in China entwickelt.
Mönch Eisai (1141-1215) bringt Rinzai-Zen-Schule (Koan-Richtung) und Mönch
Dôgen (1200-1253) die Sôtô-Zen-Schule (Zazen-Richtung) nach Aufenthalten
in China nach Japan. (Koan = Zen-Satz, -Spruch. Zazen = Sitz-Uebung).
Zen will den Menschen den tiefsten Sinn des Lebens und Kosmos erkennen
lassen durch Erfahrung und unter Befreiung von allen Denk-Hemmnissen.

Zu IIIb:
Die Einstellungen:
Nicht rückwärts schauen,
Wohlwollen trotz strenger und intensiver Willensschulung,
Selbstzucht und Hingabe
sind Merkmale qualifizierter Kämpfer.

Zu IIIc:
Der Mushin-Zustand ist jener Zustand, in dem der Mensch (Herz) nicht mehr
einem Ueberlegen oder Unterscheiden verhaftet ist. Er handelt unbewusst
und doch bewusst. In letzter Konsequenz hebt er die Zweiheit von Leben und
Tod auf. Dies begründet die Todesbereitschaft des Kriegers.

Zu IIId:
Das Aufkommenlassen eines Supermenschentums wäre dem Zen-Wesen absolut zu-
wider. Zen soll zur Aufhebung der eigenen Begehrlichkeit, Gier, Zorn, Tor-
heit und schlechthin der Ichhaftigkeit führen und damit den Einklang mit
dem Universum vermitteln.

Wer war Professor Jigoro Kano?

28. Oktober 1860	in Mikage, Präfektur Hyogo, in Japan geboren
Juli 1881	Beginnt an der politischen und ökonomischen Fakultät der Universität Tokio das Studium
August 1882	Hilfslehrer an der für Adelige und die Prinzen von Japan reservierten Gokushin-Schule
Juli 1884	Beginnt seinen Dienst als Attaché des Kaiserhauses beim Ministerium
März 1885	Stellvertretender Professor an der Gokushin-Schule
April 1885	Titular-Professor an der Gokushin-Schule
Juni 1886	Vizedirektor der Gokushin-Schule
August 1889	Attaché des Ministeriums des Kaiserhauses in Europa
April 1891	Staatsrat im Ministerium für nationale Erziehung
August 1891	Direktor des fünften Lyceums in Tokio
Januar 1893	Sekretär des nationalen Erziehungsministeriums
September 1893	Dekan der Oberschule in Japan
Januar 1898	Direktor des Erziehungsdepartementes im Erziehungsministerium
Juni 1908	Gesandter in China
Juni 1912	Gesandter in Europa und Asien
August 1915	Mitglied des Internationalen Olympischen Komitees. Erhält vom König von Schweden die Medaille der 5. Olympischen Spiele
März 1924	Honorar-Professor der Oberschule von Tokio
Dezember 1932	Staatsrat im Kabinett für Physische Erziehung
4. Mai 1938	Auf der Rückreise von Europa, wo er an Sitzungen des Internationalen Olympischen Komitees teilnahm, nach Japan, gestorben.

Hintergründe 219

Die verschiedenen japanischen «Do»

Neben den bekannten spezifischen Mitteln glaubt der Japaner, durch vielfältige Erfahrung belehrt, dass jede Tätigkeit, in der rechten Gesinnung ausgeübt, eine über die spezielle Tätigkeit hinausgehende, fördernde Wirkung hat und bezeichnet eine solche Tätigkeit mit dem Nachwort "Do". Do wäre also eine erzieherisch oder philosophisch ausgewertete oder auswertbare Tätigkeit oder Lehre. Unter den vielen möglichen Tätigkeiten wurden besonders die nachfolgenden ausgewählt:

Auf künstlerisch-ästhetischem Gebiet

    Cha Do   Teezeremonie
    Kwa Do   Blumen arrangieren
    Ga Do   Malen
    Ka Do   Dichten

Auf sportlich-martialischem Gebiet

Mit Waffe:
    Kyu Do   Bogenschiessen
    Ken Do   Schwertkampf

Ohne Waffe:
    Aiki Do   Höhere Selbstverteidigung
    Ju Do   Sanfte Lehre
    Kara Te (-Do)   Schlagtechnik

} Bushi Do (Ritter-Kunst)

Die aufgeführten Tätigkeiten erfreuen sich in Japan grosser Beliebtheit. Ihre Ausübung wird als zur Allgemeinbildung gehörend betrachtet. Die Tätigkeiten werden von Meistern gelehrt, die hochgeachtet sind. Der Reifungsprozess eines Schülers zur Meisterschaft erheischt Jahre dauernden und geduldigen Uebens mit steter Selbstkontrolle. In kurzen Betrachtungen werden Parallelen gezogen zwischen den Erfahrungen und Erkenntnissen beim Ueben, dem praktischen Leben und dem zeitlosen Sein. Diese aufgrund der Uebungserfahrung gezogenen Analogieschlüsse gestatten, im Verein mit der Ausbildung, die die Tätigkeit an sich vermittelt, das eigentliche Tätigkeitsgebiet übersteigende Erkenntnisse und Fähigkeiten zu gewinnen.

Aus "Fernöstliche Kultur", H. Hartmann, 1957

Fernöstliche Kampfsportarten

Mit Waffen Kendo Schwert-Fechtkunst

Jai (Jai-Do und Jai-Jutsu)
Schwert ziehen und einstecken
sowie Verteidigung

Kyu Do Bogenschiessen

Naginata Do Speerkampf
Naginata = Speer mit krummer Klinge
Yari = Speer mit gerader Klinge (Yari Jutsu)

Tam-Bo Stab-Kampf

Nunchako Gliederstock (Dreschflegel)
Ton-Fa Stab mit Seitenarm
Sai Dreizack

Ohne Waffen Sumo Stoss- und Wurftechnik

Ju Jutsu Kampf und Selbstverteidigung

Ju Do Vornehmlich Grifftechnik

Aiki Do Weg der Harmonie
Gründer: Morei Uyeshiba
Hombu-Lehrsystem (Tohei) (Kisshomaru
Uyeshiba, Sohn von Morei Uyeshiba)
Aiki Do Yoshinkan (G. Shioda)
Goshin Jitsu (Kenji Tomiki)

Kara Te Vornehmlich Schlagtechnik
Gründer: Funakoshi Gichin
Shotokan-Stil (Funakoshi)
Goju-Stil (Chojun Miyagi)
Wado-Stil (Hironori Otsuka)

Taekwon Do Koreanisches Karate

Kung-Fu Chinesische Kampfkünste, ohne und
mit Waffen. All-Schlag-Techniken
(Bruce Lee)

Tai-Chi-Chuan "Gesundheitskampf" (Schattenboxen)

Hintergründe

Ausbreitung des Judo in Europa
unter besonderer Berücksichtigung Deutschlands und der Schweiz

Ca. 1900 bis 1910
Berichte über japanische Kampftechniken (Jiu-Jitsu) gelangen nach Europa.
Demonstration und Lehrtätigkeit von Judo-Experten in England (Yukio Tani, Sada Kazu Uyenishi) und Deutschland (japanischer Kreuzer in Kiel, Japaner an der Militär-Ausbildungsanstalt in Berlin).
Eröffnung von privaten und Polizei-Instituten für Jiu-Jitsu. zum Beispiel 1906 durch Erich Rahn in Berlin. Die Verlagerung des Interesses auf zweckgebundenen Angriff und Verteidigung leistete einer vereinfachten, rein auf äussere Wirkung gerichteten Auffassung des Judo Vorschub.

1918
Gunji Koizumi gründet den Budokwai (Kriegs-Kunst-Gesellschaft) in London. Koizumi vermittelt Europa ein richtungsgebendes, auf Zen-Weisheit aufgebautes Judo.

1922
Gründung des ersten deutschen Jiu-Jitsu-Clubs Frankfurt a/M durch A. Rhode.

1924
Gründung des "Reichsverbandes für Jiu-Jitsu" in Deutschland.

1929
Gründung des Jiu-Jitsu Club Zürich mit Hanho Rhi (Korea). Rhi lehrte ein verfeinertes Judo mit geistigem Hintergrund, das teilweise etwas Korea-orientiert war.
Erste internationale Wettkämpfe in Deutschland (Budokwai London gegen Jiu-Jitsu Club Frankfurt).

1932
Erste Internationale Judo-Sommerschule in Frankfurt a.M. mit Koizumi und Tani, London, Ishiguro, Paris, Kitabatake, Berlin. Auch Schweizer Beteiligung.
Gründung der Europäischen Judo-Union.

1933
Erste Reise von Jigoro Kano nach Deutschland und Europa.

ab 1934
Diverse Mannschaftskämpfe zwischen den Klubs von London, Frankfurt und Zürich.
Erste Europa-Einzelmeisterschaften in Dresden.

1936
Gründung des Schweizerischen Judoverbandes (Präsident: Dr. Hanho Rhi).
Mikinosuke Kawaishi gründet mit Feldenkrais den Jiu Jitsu Club de France.

1942
Anerkennung des Schweizerischen Judoverbandes durch den Schweizerischen Landesverband für Leibesübungen.

1948
Rückkehr von Kawaishi nach Paris. Kawaishi entfaltete eine intensive, breitenorientierte Lehrtätigkeit und vermittelte

einen explosiven Judo-Stil. Zur Anpassung an die europäische Mentalität gliederte Kawaishi Judo in Gruppen und durch Nummern gekennzeichnete Techniken. Dieses sogenannte Kawaishi-System wurde später umstritten und wird praktisch nicht mehr gelehrt.

1950 Aufnahme des Schweizerischen Judoverbandes in die Europäische Judo-Union.

1951 Eine Delegation des Kodokan mit Dr. Risei Kano, Präsident, Shigenori Tashiro, 7. Dan, Yoshizo Matsumoto, 7. Dan, und T. Daigo, 6. Dan, bereist Europa.

Japanische Experten lassen sich in Europa nieder (Ichiro Abé, 8. Dan; 1953 Teizo Kawamura) und lehren Kodokan-Judo.

1952 Gründung des Deutschen Dan-Kollegiums mit Alfred Rhode als Vorsitzendem.

1959 Fusion des Schweizerischen Jiu-Jitsu- und Judo-Verbandes mit der Schweizerischen Budo-Union.

1960 Dr. Hanho Rhi †

1964 Judo wird olympische Disziplin. An den 18. Olympischen Spielen in Tokio gewinnen Wolfgang Hofmann, Deutschland, und Eric Hänni, Schweiz, je eine Silber-Medaille und Klaus Glahn, Deutschland, eine Broze-Medaille.

1976 Jürg Röthlisberger, Schweiz, erringt bei den Olympischen Spielen in Montreal die Bronzemedaille.

1978 Alfred Rhode †

Hintergründe

Übertragungen aus dem Judotraining ins tägliche Leben

Element des Judotrainings	Übertragung
Ju	Durch weises Nachgeben das Entstehen von Problemen verhindern.
	Den Gegner von der Wahrheit überzeugen.
Tsukuri	Aktionen im Alltag vorbereiten.
Kuzushi	Voraussetzungen zum Gelingen einer Handlung schaffen.
	"Nach dem Hochmut kommt der Fall".
Kake	Handeln.
	Voller Einsatz beim Erfüllen von Aufgaben.
Nage	"Auf die Füsse fallen" im täglichen Leben.
Renraku Waza	Im Leben stehen viele Wege offen.
	Dynamisch bleiben.
Uchi komi	Nicht nur wissen, sondern können.
	"Uebung macht den Meister".
Fehlreaktionen von Uke	Der die Gesetze Missachtende bereitet sich seinen Untergang selbst.
Yaku soku Geiko	Durch gemeinsames Studium die Probleme lösen.
Randori	Chancen nützen.
	Im Leben sein Bestes geben.
Kansetsu Waza	An die Gebrechlichkeit des Körpers denkend ihn pflegen.
Shiai Shime Waza	So leben, dass man jederzeit würdig und gelassen sterben kann.

Leitsätze, Sentenzen, Symbole, Motive, Zen-Gedanken

Maximale Wirkung mit kleinstem Einsatz.
(Jigoro Kano)

Die Menschen sind Rivalen im Wettkampf, aber geeint und Freunde durch ihr Ideal in der Ausübung ihres Sportes und noch mehr im täglichen Leben.
(Jigoro Kano)

Wenn du sechsmal fällst, stehe siebenmal auf!
(Ichiro Abé, 8. Dan)

Judo ist eine Kunst und eine Wissenschaft. Judo muss über aller künstlichen Versklavung und frei von allen finanziellen und personellen Einflüssen sein.
(Gunji Koizumi)

Die Gesundheit des Lebens hängt ab vom harmonischen Zusammenspiel unserer Instinkte.
(Gunji Koizumi)

Das wichtigste ist, sich über das Problem von Leben und Tod sowie die Angst zu stellen.
(Gunji Koizumi)

Nicht den Sieg, sondern den Weg zum Sieg schätzen!
(Prof. Sumitumo Arima, 4. Dan, 1908)

Die Lösung aller Probleme liegt nicht in der Grösse, sondern in der Harmonie.

Es gibt kein Wunder - ausser es sei verdient.

Wenn du deine Furche gerade ziehen willst, befestige deinen Pflug an einem Stern.

Die Wahrheit von morgen nährt sich am Irrtum von gestern und die zu überwindenden Gegensätze sind der Humus unseres Wachstums.

Im Entzweien ob den Methoden riskieren wir, nicht zu erkennen, dass wir nach dem selben Ziel streben.
(Mikinosuke Kawaishi, 7. Dan)

Hintergründe 225

"Die Kirschblüte (Samurai-Symbol) fällt, aber welkt nicht."
"Ueberlegt im Entschluss, rasch in der Tat."
"Handeln ohne Zeitverlust."
"Das Weiche beherrscht das Harte."
(Samurai-Leitsätze)

Judo "spielen"!
(Teizo Kawamura, 8. Dan)

Kern der Pädagogik: Liebet die Kinder!
(J.G.Vallée, 5. Dan)

Kinder sollen spielen und nicht kämpfen!
(Nauwelaerts de Agé, Sportdirektor EJU)

Einheit von Körper, Geist, Seele, den Mitmenschen und dem Universum.
(Judo Kodokan illustré, Seite 14 ff)

Gedeihen und gegenseitiges Wohltun.
(Jigoro Kano)

Erklärung des (Kodokan-)Judo-Abzeichens

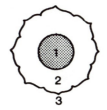

1 Sonne, feurig Flüssiges, Glut, Herz, Leidenschaft.
2 Weisse Baumwolle, Weiches, Dämpfendes.
3 Form der Umrandung wie bei alten japanischen Spiegeln: Anlass zu Selbstkontrolle.

(nach mündlicher Ueberlieferung von Teizo Kawamura, 8. Dan)

Beispiels-Motive aus Itsu no Kata (Fünf Prinzipien)

1: Es gibt keinen Widerstand vor dem Gerechten.

2: Siegen ohne Widerstand.

3: Zentripetalkraft und Zentrifugalkraft (Himmelskörper, Gleichgewicht).

4: Ozeanischer Seegang: Die Woge wirft sich auf den Hafendamm und nimmt beim Zurückfluten allen Unrat mit.

5: Koexistenz: Himmelskörper, die sich einander nähern und zusammenzustossen drohen, beginnen sich mit Drehen zu trennen so dass sie wie ursprünglich vorhanden sein können.

Zen-Gedanken

"Wenn nicht angespornt, kein Erwachen.
Wenn nicht in die Enge getrieben, kein Durchgang."

Aus Daisetz Teitaro Suzuki: Leben aus Zen, Seite 179.

"Wer weiss, spricht nicht; wer spricht, weiss nicht."
"Zünde an dein eigenes Licht!"

Aus Christmas Humphrys: Zen Buddhismus, Seite 232.

"Wenn Herz und Sinn entschwunden sind, ist Feuer nur ein kühler Wind."

Weisung eines Zen-Bonzen

Kagami Migaki *(Spiegel-Reinigen)*

Ausführung

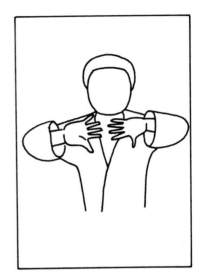

Tori nimmt an, in greifbarer Entfernung vor ihm befinde sich ein vertikal aufgestellter Spiegel. Er hebt die Unterarme auf Achselhöhe und dreht die Handflächen mit stark gespreizten Fingern von sich weg nach aussen, so dass sie dem Spiegel zugedreht sind.
Tori poliert nun den imaginären Spiegel mit kreisenden Bewegungen der Hände, wobei sich die Fingerspitzen in der Nahstellung vor dem Gesicht berühren.
Die kreisende Bewegung verläuft zunächst von oben nach unten und anschliessend in umgekehrter Richtung.

Anwendung und Zweck

Die Uebung dient als Abschluss eines Trainings zur Beruhigung, zur Erlangung eines gleichmässigen Atemrhythmuses und zur Konzentration.

Sinn

Die kreisenden Handbewegungen polieren und reinigen einen "Spiegel". Der Spiegel symbolisiert unseren Geist: Auch er soll von allen Fehlern gereinigt werden und im Kampfe liegen gegen die sichtbaren Gegner und die Feinde im eigenen Innern, die unsere körperliche und geistige Entwicklung hemmen.

Judo-Vokabularium und Sachregister

Zur Schreibweise der japanischen Begriffe: Analog der deutschen Uebersetzung werden alle Hauptworte (Substantive) und Eigennamen konsequent gross geschrieben.
Die früher oft gebrauchten Bindestriche wurden absichtlich weggelassen, da sie im Japanischen auch nicht vorkommen.

Phonetik
 ¨ = (Trema) getrennt ausgesprochen
 ae = ä
 ch = tsch
 j = sch
 ji = dschi
 sh = sch
 y = j
 z = weiches s

A

Abé, Ichiro	japanischer Judolehrer, 8. Dan (222, 224)
age	heben
Aiki	Vereinigung des Geistes mit dem All
Aiki Do	"Weg der Harmonie", Selbstverteidigungsmethode (219, 220)
aka	rot
aoiro	blau
Arashi	Sturm
Arima, Prof., Sumito	berühmter japanischer Judolehrer
Ashi	Fuss, Bein (20, 133)
Ashi Ate Waza	Bein-(Fuss-)Schlag-Technik
Ashi garami	Bein einrollen (211)
Ashi Gatame jime	Bein-Kontroll-Würgen (10, 152)
Ashi Guruma	Bein-Rad (9, 65, 73, 74, 122)
Ashi Waza	Bein-(Fuss-)Technik (9, 11, 121, 122, 192, 197)
Atama	Kopf, Scheitel
Atemi Kata	Formen der Selbstverteidigung (192)
Ate Waza (Atemi Waza)	Schlagtechnik (10, 12)
Ayumi	Schritt, Gang
Ayumi Ashi	Normale Schrittart: ein Fuss überholt den andern (15, 193, 202)

B

barai (auch: harai)	(weg-) wischen (20)
Basami	Schere
Bu	Krieg (215)
Bu Do	Kriegskunst, Sammelbegriff für alle martialischen Künste (215, 221)
Budokwai	wörtlich: Kriegs-Kunst-Gesellschaft. Massgeblich an der Verbreitung des Judo in Europa beteiligte Schule in London, 1918 durch Gunji Koizumi gegründet (221)

Bu Jutsu	Kriegskunst, Kriegswissenschaft
Bushi	Krieger, Ritter (215)
Bushi Do	Ehrenkodex der Samurai (215)

C

Cha Do	Teezeremonie (219)
Chika Ma	nahe Position in Katame no Kata
Chui	Ermahnung (178)
Chusen	Los

D

dai daiiro	orange
Daigo, T.	1951 japanischer Meister der Open Klasse, 6. Dan (222)
daki	umarmen
Dan	Grad (Schwarzgurt und höhere)

Ichi Dan, Sho Dan	1. Dan
Ni Dan	2. Dan
San Dan	3. Dan
Shi Dan, Yo Dan	4. Dan
Go Dan	5. Dan
Roku Dan	6. Dan
Shichi Dan	7. Dan
Hachi Dan	8. Dan
Ku Dan	9. Dan
Ju Dan	10. Dan

de	von, zu, mit, vorwärts
De Ashi barai	Vorkommenden Fuss wegwischen (9, 29, 31, 122, 187)
Do	Lehre, Prinzip, Weg (11, 191, 219)
Dôgen	buddhistischer Mönch, 1200-1253 n.Chr., führte die Sôto-Zen-Schule aus China in Japan ein (217)
Dojo	Judo-Trainingshalle (13)
dori	nehmen

E

Eisei	buddhistischer Mönch, 1141-1215 n.Chr., führte die Rinzai-Zen-Schule aus China in Japan ein
Eri	Kragen, Revers
Eri Seoi Nage	Kragen-Rückenwurf (45, 125)

F

fumi komi	eindrehen
Furyo	Freude an der Natur und Naturbeobachtung (215)
Fusegi	Verteidigung
Fusen Gachi	Sieg durch Nichtantreten des Gegners (178)

G

Gachi	Sieg
Ga Do	Weg des Malens (219)
gake	(weg-) haken, einhaken, einhängen (20)
garami	einrollen, verdrehen, halten (134)
gari	(weg-) fegen (20)

Judo-Vokabularium und Sachregister 231

Gatame (auch: Katame)	Kontrolle, unbeweglich
Gaeshi (auch: Kaeshi)	Gegenangriff
Geiko (auch: Keiko)	Uebung, Training
Genki	Stärke, Kraft, Energie
Geri (auch: Keri)	Tritt
Gesa (auch: Kesa)	Schärpe (53)
Gi	Kleid
Glahn, Klaus	Bronzemedaille an den 18. Olympischen Spielen 1964 in Tokio (222)
go	fünf (9, 11, 27)
Goku Shuin	Schule der Edlen, Internatsschule (218)
Go Kyo	Abkürzung für Go Kyo no Kaisetsu (9, 27, 28)
Go Kyo no Kaisetsu	Fünf Gruppen (der Judotechniken) Erklärung (11, 25, 26)
Go no Sen	Ein geistiger Zustand: Initiative übernehmen, wenn der Gegner angreift (21, 113, 182, 183)
Go no Sen no Kata	Formen der Gegenwürfe (192)
Go min gake	Einer gegen fünf (Trainingsmethode)
Goshi (auch: Koshi)	Hüfte
Goshin Jitsu (no Kata)	Formen der neuen Selbstverteidigung (192)
Guruma	Rad (20)
gyaku	verkehrt, verrenken (133)
Gyaku juji jime	verkertes Kreu-Würgen (132, 141, 142, 143, 208)

H

hachi	acht (8)
hadaka	nackt (133)
Hadaka jime	Nacktes Würgen (10, 144, 206)
Hajime	Anfangen! Los! Beginnt! (178)
Hane	Sprung, Feder, Flügel, springen, federn (89)
Hane Goshi	Angesprungene Hüfte (9, 65, 75, 89, 93, 123, 124, 127)
Hane maki komi	Angesprungenes Einrollen (9, 83, 89, 127)
Hansoku Make	Disqualifikation (178)
Hantei	Entscheidung
Happo no Kuzushi	Brechen des Gleichgewichtes nach acht Richtungen
Hara	Bauch, Mitte, Zentrum (23, 42, 93, 115, 134)
harai (auch: barai)	(weg-) wischen (20)
Harai Goshi	Hüfte wegwischen (9, 47, 61, 74, 122, 124, 196)
Harai tsuri komi Ashi	Fuss wegwischen mit Anheben (9, 65, 77, 123)
Haenni, Eric	Gewinner der Silbermedaille an den 18. Olympischen Spielen 1964 in Tokio (222)
Henka	Wechsel, Variation
heno	der Situation anpassen
hidari	links (15)
Hidari Shizentai	aufrechte Körperhaltung (mit Vorschritt) links (27, 53, 55)
hikiwaki	unentschieden (178)
hishigi	biegen, (ver-)strecken
Hiza	Knie (134)
Hiza Guruma	Knie-Rad (9, 29, 33, 71, 122, 123, 186)
Hizi	Ellbogen

Hofmann, Wolfgang	Gewinner der Silbermedaille an den 18. Olympischen Spiele in Tokio 1964 (222)
hon	normal, grundsätzlich (15, 132)
Hon Gesa Gatame	Normale Schärpen-Kontrolle (135, 144, 160, 186,
Hontai	normale Körperhaltung (39, 43, 51)
Humphrys, Christmas	Autor verschiedener hervorragender Werke über Buddhismus. Präsident der buddhistischen Gesellschaft London.

I

ichi (auch: ik)	eins (1)
idori	kniend (192)
ik (auch: ichi)	eins
Ippon	ein Punkt (17, 131, 158, 178)
Ippon Gachi	Sieg durch Punkt (178)
Ippon Seoi Nage	Einhändiger Rückenwurf (45, 46, 52, 99, 125, 187)
Ishiguro	japanischer Judolehrer, um 1930 in Paris tätig (221)
Itsutsu no Kata	Formen der Fünf (192, 225)

J

Jai Do (Jai Jutsu)	Schwert-Kunst, Schwert-Verteidigung (220)
Jigohontai	Verteidigungsstellung
Jigoku	Hölle
Jigoku jime	Höllen-Würgen (150)
Jigotai	vorgebeugte, defensive Körperhaltung (15, 43, 49, 51, 63, 68, 79, 85, 91, 93, 97, 112, 168)
Jikan	Zeitnehmen, stoppen, unterbrechen (178)
jime (auch: Shime)	würgen
Jitsu	Technik, Kunstfertigkeit
Joseki	Ehrengast, Ehrensitz (193, 200, 202, 211)
ju	sanft, weich, nachgiebig, zehn (11, 21, 215, 223)
Judo	sanfter Weg (11, 12, 13, 18, 21, 27, 219, 220, 22
Judogi	Judo-Trainingsanzug (14, 15, 93)
Judoka	Judo-Treibender (27)
juji	gekreuzt, kreuzförmig (132, 134, 141)
Juji Gatame	Kreuz-Kontrolle (186, 188)
Juji jime	Kreuz-Würgen (10, 141)
Ju Jutsu	sanfte Kunst, Selbstverteidigung (10, 12, 220, 221
Junbi Undo	Aufwärm-Uebungen (175)
Ju no Kata	Formen der Geschmeidigkeit (192)

K

Ka Do	Weg des Dichtens (219)
Kagami Mygaki	Spiegel-Reinigen (177, 227)
Kage (auch: Kake)	ausführende Wurfaktion (23, 223)
Kai (auch: Kwai)	Gesellschaft, Zentrum
Kaisetsu	Erklärung (27)
kakaë	umarmen, in die Arme schliessen
Kakari Geiko	Belastungstraining (176)
Kake (auch: Kage)	Ausführung (16, 17, 22)
kami	oben, oberer Teil (131, 132)

Judo-Vokabularium und Sachregister 233

Kami Shiho Gatame	Obere Vierpunkt-Kontrolle (138, 161, 204)
Kamiza	Ehrensitz, Ehrenplatz
Kannuki	Riegel (134)
Kannuki Gatame	Riegel-Kontrolle (10, 163)
Kano, Prof. Jigoro	Begründer des modernen Judo (215, 217, 218, 221, 224, 225)
Kano, Dr. Risei	Sohn von Prof. Jigoro Kano. Präsident des Kodokan und der Internationalen Judoföderation (222)
Kansetsu	Gelenk, Hebel
Kansetsu Waza	Gelenk-(Hebel-)Technik (10, 12, 134, 182, 209, 223)
Kara Te	wörtlich: blosse Hand. Schlagtechnik (219, 220)
Kata	Form, Muster, Schulter (10, 12, 20, 132, 133, 177, 189, 191)
Kata Gatame	Schulter-Kontrolle (10, 53, 137, 203)
Kata Guruma	Schulter-Rad (9, 65, 81, 125, 195)
Kata ha jime	Einseitiges Würgen (10, 148, 207)
Kata juji jime	Kreuz-Würgen mit gegenübergestellten Händen (141, 186, 188, 206)
kataka	einseitig (133)
Katame (auch: Gatame)	Kontrolle (134)
Katame no Kata	Formen der Kontrolle (191, 192, 201)
Katame Waza	Kontroll-Techniken (10, 12, 129, 131, 192)
katate	einhändig (133)
Kata Te jime	Einhändiges Würgen (10, 149)
Kawaishi, Mikinosuke	japanischer Judolehrer, 7. Dan. (221, 224)
Kawamura, Teizo	japanischer Judolehrer, 8. Dan (222, 225)
Kaeshi Waza	Gegenwurftechniken (181, 182, 184, 187, 188)
Keiko (auch: Geiko)	Uebung, Training
Keiko Gi	Oberteil des Judogi
Keikoku	formelle Verwarnung (178)
Kempo	japanischer Faustkampf
Ken Do	Schwert-Fechtkunst (219, 220)
kentai	bereithalten (183)
Keri (auch: Geri)	Tritt
Kesa (auch: Gesa)	Schärpe (132)
Kesa Gatame	Schärpen-Kontrolle (10, 53, 135)
Kiai	Schrei, Kampfruf
kiiro	gelb
Kiken Gachi	Sieg durch Aufgabe des Gegners (178)
Kime no Kata	Formen der Entscheidung (191, 192)
Kime Shiki	Formen der Entscheidung, für Frauen (192)
Kimono	Kleidungsstück
Kinsa	Vorteil, technisch besser (178)
Kitabatake	japanischer Judolehrer, um 1930 in Berlin tätig
ko	klein (20)
Koan	Zen-Satz, Zen-Spruch (217)
Kodansha	Kodokan-Danträger ab 5. Dan
Kodokan	wörtlich: Lehr-(Gesellschaft)Weg-Halle (215, 225)
Koizumi, Gunji	japanischer Judolehrer, gründet 1918 in London den Budokwai (221, 224)
Koka	"Fast-Yoko" (178)
komi	ziehen, in, innen, einwärts

Koshi (auch: Goshi)	Hüfte (20)
Koshi Guruma	Hüft-Rad (9, 47, 53, 99, 124)
Koshi jime	Hüft-Würgen (146)
Koshiki no Kata	Antike Form (192)
Koshi Waza	Hüft-Techniken (9, 121, 124, 192, 196)
Ko soto barai	Kleines äusseres Wegwischen (49)
Ko soto gake	Kleines äusseres Weghaken (9, 49, 65, 69, 122, 12
Ko soto gari	Kleines äusseres Wegfegen (9, 47, 49, 122, 185)
Ko tsuri Goshi	Kleine angehobene Hüfte (69, 124)
Ko uchi gari	Kleines inneres Wegfegen (9, 44, 47, 51, 60, 76, 122, 185)
kro	schwarz
ku	neun
Kuatsu	Wiederbelebung Bewusstloser (10, 13)
Kubi	Nacken, Genick
Kumi	Griff
Kumi Kata	Griff-Fassen am Judogi (12, 15, 55, 193, 194)
Kung-Fu	chinesische Kampfart (220)
kuriiro	braun
Kuzure	Variante (132)
Kuzure Gesa Gatame	Variante Schärpen-Kontrolle (135, 161, 188, 203)
Kuzure kami Shiho Gatame	Variante obere Vierpunkt-Kontrolle (138, 203)
Kuzure Kata Gatame	Variante Schulter-Kontrolle (137)
Kuzure tate Shiho Gatame	Variante längsweise Vierpunkt-Kontrolle (140)
Kuzure yoko Shiho Gatame	Variante seitliche Vierpunkt-Kontrolle (139)
Kuzushi	Stören (brechen) des Gleichgewichtes (16, 22, 223
Kwa Do	"Blumen-Weg", Kunst des Blumen-Arrangierens (219)
Kwai (auch: Kai)	Gesellschaft, Zentrum (221)
Kyo	Gruppe (9, 11, 27)
Kyoshi no kamae	hohe Kniestellung in Katame no Kata (201)
Kyu	Bogen, Klasse
	roku Kyu 6. Kyu (weisser Gürtel)
	go Kyu 5. Kyu (gelber Gürtel)
	shin Kyu 4. Kyu (oranger Gürtel)
	san Kyu 3. Kyu (grüner Gürtel)
	ni Kyu 2. Kyu (blauer Gürtel)
	ichi Kyu 1. Kyu (brauner Gürtel)
Kyu Do	"Weg des Bogenschiessens" (219, 220)

M

Ma ai	Distanz halten (168)
maë (auch: ma)	vorwärts
Maë Ukemi	vorwärts Fallen (19, 71, 79, 85, 101, 107, 109, 111)
Maitta	"Ich bin besiegt", "Ich gebe auf"
maki komi	einrollen (20, 89, 171)
Makura	Kissen
Makura Gesa Gatame	Kissen-Schärpen-Kontrolle (136)
Ma sutemi Waza	Bodenwurf-Technik aus der Rückenlage (79, 192, 198)
Mata	Oberschenkel
mate	Lösen! Warten! (178)

Judo-Vokabularium und Sachregister 235

Matsumoto, Yoshizo	japanischer Judolehrer, 7. Dan (222)
midori	grün
migi	rechts (15)
Migi Shizentai	aufrechte Körperhaltung (mit Vorschritt) rechts (27, 75, 89, 109)
Mokuso	Konzentrationssitz
Montei	Anhänger, Jünger, Schüler
morote	beidhändig, zweihändig (133)
Morote jime	Beidhändiges Würgen (10, 151)
Morote Seoi Nage	Beidhändiger Rückenwurf (45, 60, 125, 185)
Mune	Brust (139)
Mune Gatame	Brust-Kontrolle (139)
Mushin	wörtlich: Nicht-Herz, d.h. unbeteiligt, unberührt, ohne Gefühlsbewegung (215, 217)

N

Nage	Wurf (16, 17, 23, 223)
Nage no Kata	Formen des Werfens (64, 111, 115, 192, 192)
Nage Waza	Wurftechniken (11, 131, 192)
Naginata Do	Speerkampfkunst (220)
nami	normal (133)
Nami juji jime	Normales Kreuz-Würgen (143)
Nauwelaerts de Agé	Sportdirektor der Europäischen Judo-Union (225)
ne	liegend, am Boden
Ne Waza	Bodentechniken (91, 99, 131, 169, 171, 172, 182, 184, 186, 188)
ni	zwei
no	in, von, nach
Nunchako	Gliederstock (220)

O

o	gross (20)		
Obi	Gürtel		
	Siro Obi	weisser Gürtel	6. Kyu
	Kiiro Obi	gelber Gürtel	5. Kyu
	Dai-daiiro Obi	organger Gürtel	4. Kyu
	Midori Obi	grüner Gürtel	3. Kyu
	Aoiri Obi	blauer Gürtel	2. Kyu
	Kuriion Obi	brauner Gürtel	1. Kyu
	Sumire Obi	violetter Gürtel	Kyu
	Kro Obi	schwarzer Gürtel	1.-5. Dan
	Shima Obi	gestreifter Gürtel	6.-9- Dan
	Aka Obi	roter Gürtel	10. Dan
O Goshi	Grosse Hüfte (9, 29, 37, 41, 53, 95, 124, 187)		
O Guruma	Grosses Rad (9, 74, 83, 97, 122, 124)		
okuri	gleitend, nachziehen (133)		
Okuri Ashi barai	Nachgezogenen Fuss wegwischen (9, 47, 57, 122, 197)		
Okuri Eri jime	Gleitendes Kragen-Würgen (10, 146, 207)		
omote	fundamental (192)		
osaë	festhalten, immobilisieren, unbeweglich machen		
Osaë komi	Haltegriff (131, 178)		
Osaë Waza	Festhalte-Techniken (10, 12, 132, 182, 192, 203)		

O soto gari	Grosses äusseres Wegfegen (9, 29, 39, 40, 105, 122, 185)
O soto Guruma	Grosses äusseres Rad (9, 103, 105, 122)
otoshi	fallenlassen, Fall (20)
O tsuri Goshi	Grosse angehobene Hüfte (69, 124)
O uchi gari	Grosses inneres Wegfegen (9, 29, 43, 52, 60, 122

R

Rahn, Erich	Eröffnet 1906 in Berlin eine Jiu-Jitsu-Schule
Randori	Freies Ueben, wettkampfmässig (131, 176, 191, 192, 223)
Randori Kata	Formen des freien Uebens (192)
Rei	Gruss, Begrüssung (13, 178)
Reigisaho	Höflichkeit, Etikette
Renraku Waza	Folge- oder Kombinationstechniken (181, 182, 184, 185, 186, 223)
renzoku	fortfahren, weitermachen
Rhode, Alfred	Gründer des ersten deutschen Jiu-Jitsu-Clubs in Frankfurt a.M. (221, 222)
Rhi, Dr. Hanho	koreanischer Judolehrer, Mitbegründer des Jiu-Jitsu- und Judoclubs Zürich 1929, erster Präsident des Schweizerischen Judoverbandes (221, 222)
Ritsu Rei	Gruss im Stand (13, 194, 200, 202, 211)
roku	sechs
Röthlisberger, Jürg	Schweizer, erringt bei den Olympischen Spielen 1976 in Montreal die Bronzemedaille (222)
Ryo Te	zweihändig (151)
Ryo Te jime	Beidhändiges Würgen (151)
Ryu	(Geheim-) Schule (215)

S

sabaki	bewegen, drehen, verteidigen
Sabi	Ursprünglichkeit (215, 216)
Sai	Dreizack (220)
Samurai	Ritter, Kriegerkaste (215, 216, 225)
san	drei
San	als Nachwort zu Namen: geehrter (z.B. Kano San = geehrter Kano), entspricht dem deutschen Herr
sankaku	dreieckförmig, dreieckig, Dreieck (133, 152, 158)
sasaë	blockieren (20, 22)
Sasaë tsuri komi Ashi	Fuss blockieren mit Anheben (9, 29, 35, 122, 123, 197)
Seika Tanden	Magen
Sen	ein geistiger Zustand: eigene Kraft, Geist, Technik (21, 181)
Sen no Sen	ein geistiger Zustand: höchste Form der Initiative durch Einsatz von Geist, Technik und Kraft (181, 183)
Sensei	Lehrer, Meister
Seoi	Rücken
Seoi Nage	(9, 29, 45, 195)
shi	vier

Judo-Vokabularium und Sachregister

Shiai	Wettspeil, Wettkampf, Turnier (176, 191, 223)
Shiaijo	Kampffläche
shichi	sieben
Shido	Belehrung, Hinweis (178)
Shi Han	Lehrer, Meister, Vorbild
Shiho	Vierfüssler (131, 132)
Shiho Gatame	Vierpunkt-Kontrolle (10, 138)
shima	gestreift
shime (auch: jime)	würgen
Shime Waza	Würgetechniken (10, 12, 133, 134, 182, 192, 206, 223)
shinshin	verhaftet, blockiert (183)
Shintai	translatorische Körperbewegung (15, 16, 28)
shiro	weiss
Shisei	Körperhaltung, Körperstellung (15)
Shizen Hontai	natürliche Körperhaltung (75, 99, 194, 201, 202)
Shizentai	aufrechte (normale) Körperhaltung (15, 79, 202)
sho	eins
Shogun	Verwalter, Lehensherr (216)
Sode	Aermel
Sode Guruma jime	Aermel-Rad-Würgen (143)
Sode tsuri komi Goshi	Aermelweise angehobene Hüfte (55, 124)
Sogo Gachi	zusammengesetzter Sieg (178)
Sono Mama	"Nicht mehr bewegen!", Unterbruch des Kampfes ohne Aenderung der Positionen (178)
Sore Made	Kampfende, "Alles fertig!" (178)
Sotai Renshu	Uebung mit Partner, zu zweit (175)
soto	aussen (20)
Soto maki komi	Aeusseres Einrollen (9, 83, 99, 127, 171)
sukui	löffeln, schaufeln
Sukui Nage	Löffelnder Wurf (9, 76, 83, 91, 93, 124, 125)
Sumi	Ecke, Winkel
Sumi Gaeshi	Eck-Wurf (9, 71, 83, 85, 86, 87, 126, 193, 198)
Sumi otoshi	Eck-Fall (9, 103, 117, 125, 126)
sumiro	violett
Sumo	japanischer (zeremonieller) Ringkampf (220)
Suri Ashi	Fortbewegungsart, bei welcher sich die Füsse nicht überholen und die Sohle immer auf dem Boden gleitet (15, 193, 202)
Sute Geiko	Standtraining
sutemi	sich opfern, preisgeben (51, 91, 99)
Sutemi Waza	Wurftechnik aus liegender Stellung (9, 11, 121, 126)
Suzuki, Daisetz Teitaro	japanischer Zen-Lehrer, Autor verschiedener hervorragender Zen-Bücher (226)

T

tachiai	stehend (192)
Tachi Waza	Standtechniken, Wurftechniken aus aufrechter Stellung (9, 11, 168, 171, 182, 184, 185, 187, 193)

Tai	Körper (20)
Tai Chi Chuan	Gesundheitskampf, chinesisches Schattenboxen (220)
Tai otoshi	Körper fallenlassen (9, 44, 47, 59, 76, 99, 109, 125, 185, 187)
Taisabaki	Körperdrehbewegung (15, 16, 28, 59, 60, 62, 97, 1
Tam Bo	Stabkampf (220)
Tandoku Renshu	Praxis des Einzelübens, ohne Partner (175)
Tani	Tal
Tano otoshi	Tal-Fall (9, 76, 83, 86, 87, 125, 126)
Tani, Yukio	berühmter japanischer Judolehrer
Tashiro, Shigenori	7. Dan, Bevollmächtigter für ausländische Angeleg heiten am Kodokan (222)
Tatami	Reisstrohmatten (193)
tate	längs, der Länge nach (131, 132)
Tate Shiho Gatame	Längsseitige Vierpunkt-Kontrolle (80, 140)
Taekwon Do	koreanisches Karate
Te	Hand, Arm
Te Guruma	Hand-Rad (93, 124, 125)
Te Waza	Hand-(Arm-)techniken (9, 121, 125, 195)
toketa	gelöst (178)
Tokugawa (-Periode)	Shogun von 1615-1868 (216)
Tokui Waza	Spezial- oder Lieblingstechnik, bevorzugt
to Ma	weite Position in Katame no Kata (202)
Tomoë	Bogen, Kreis, Zirkel (20)
Tomoë Nage	Kreis-Wurf (9, 65, 79, 86, 126, 193, 198)
Ton Fa	Stab mit Seitenarm, als Waffe gebraucht (220)
Tori	der aktive, eine bestimmte Technik ausführende Partner (11)
tsugi	ununterbrochene Folge
Tsugi Ashi	Fortbewegungsart, bei welcher sich die Füsse nähern, ohne sich zu überholen (15, 57, 193)
Tsuki nami Shiai	interne (monatliche) Wettkämpfe
Tsukuri	Vorbereitungsphase eines Wurfes (16, 21, 27, 223)
tsuri	anheben, ausheben
Tsuri Goshi	Angehobene Hüfte (9, 65, 69)
tsuri komi	anheben mit Ziehen (20, 55)
Tsuri komi Goshi	Angehobene Hüfte (9, 47, 55, 124, 196)

U

uchi	innen, inwendig (20)
Uchi komi	Uebung mit Partner, Eingang, eindrehen (28, 175, 176, 223)
Uchi Mata	Innenseite des Oberschenkels (9, 47, 63, 99, 123, 124, 185, 193, 197)
Ude	Arm (134)
Ude Ate Waza	Arm (Hand-)-Schlagtechnik (10)
Ude garami	Arm einrollen (10, 155, 209)
Ude hishigi Hara Gatame	Armbiegen durch Bauchkontrolle (162)
Ude hishigi Hiza Gatame	Armbiegen durch Kniekontrolle (160, 186, 210)
Ude hishigi juji Gatame	Armbiegen durch kreuzweise Kontrolle (157, 209)
Ude hishigi Ude Gatame	Armbiegen durch Armkontrolle (159, 186, 188, 210)
Ude hishigi Waki Gatame	Armbiegen durch Kontrolle mit der Seite (161)

Judo-Vokabularium und Sachregister

Uke	der die Technik hinnehmende Partner (11)
Ukemi Waza	Falltechnik (18, 175)
uki	flatternd, fliessend, schwebend
Uki Goshi	Flatternde Hüfte (9, 29, 37, 124, 193, 196)
Uki otoshi	Flatterndes Fallenlassen (9, 83, 101, 117, 125, 126, 195)
Uki Waza	Flatternde Technik (9, 86, 103, 107, 126, 193, 199)
ura	abgeleitet, entgegenstellen, Gegenteil (192)
Ura Nage	Rückwärtswurf (9, 103, 115, 126, 198)
ushiro	hinten, rückwärts, zurück (20, 152)
Ushiro Gesa Gatame	Hintere Schärpen-Kontrolle (136, 162)
Ushiro Goshi	Hintere Hüfte (9, 103, 113, 124)
Ushiro Ukemi	Rückwärtsfallen (18, 87)
utsuri	versetzt, wechseln, umgekehrt
Utsuri Goshi	Versetzte Hüfte (9, 83, 95, 124, 125, 187)
Uyenishi, Sada Kazu	japanischer Judolehrer (221)

V

Vallée, Jean-Georges	Judolehrer aus Frankreich, 5. Dan, in Genf tätig

W

Wabi	Einfachheit (215, 216)
wakare	trennen, reissen
Waki	Achselhöhle (134)
Waza	Technik, Kunstfertigkeit (11, 184, 203, 206, 209)
Wazaari	"Fast-Punkt" (178)
Wazaari awasete Ippon	"Zwei Fastpunkte ergeben Ippon" (178)

Y

Yaku soku Geiko	Studium in der Bewegung (176, 191, 223)
Yaware	alte Bezeichnung für Ju Jutsu
yo	vier
yoko	seitlich, seitwärts (20, 131, 132, 152)
Yoko gake	Seitliches Weghaken (9, 103, 119, 122, 126, 199)
Yoko Guruma	Seitliches Rad (9, 103, 111, 126, 199)
Yoko otoshi	Seitliches Fallenlassen (9, 65, 71, 86, 126)
Yoko Shiho Gatame	Seitliche Vierpunkt-Kontrolle (139, 149, 153, 188, 204)
Yoko sutemi (Waza)	Bodenwürfe in Seitenlage (11, 89, 99, 107, 109, 111, 119, 192, 199)
Yoko Ukemi	Seitwärtsfallen (18)
Yoko wakare	Seitliches Trennen (9, 60, 103, 109, 126)
Yoshi	"Weiter!", Kampf fortführen (178)
Yudansha	Danträger (Schwarzgurtträger)
Yuko	"Fast-Wazaari" (178)
Yusei Gachi	Sieg durch Ueberlegenheit (178)

Z

Za	Sitz
Zarei	zeremonieller Gruss im Knien (13, 194, 200, 202, 211)

Zazen	Sitzübung, Sitzhaltung im und als Zen-Uebung
zempo	vorwärts
Zen	Lehre der Kontemplation, Meditation, Selbstversenkung (215, 216, 217)
Zori	japanische Sandalen
Zubon	Hose des Judogi